NOESP

中国教育科研报告

ZHONGGUO JIAOYU KEYAN BAOGAO

2010年第3辑

全国教育科学规划领导小组办公室　组编

人民教育出版社
·北京·

图书在版编目（CIP）数据

中国教育科研报告．2010年．第3辑/
曾天山，刘立德主编．
全国教育科学规划领导小组办公室组编．
—北京：人民教育出版社，2010
ISBN 978-7-107-23264-0

Ⅰ．①中…
Ⅱ．①全…
Ⅲ．①教育科学—科学研究—研究报告—中国—2010
Ⅳ．①G40-03

中国版本图书馆CIP数据核字（2011）第035333号

人民教育出版社 出版发行
网址：http://www.pep.com.cn
中国农业出版社印刷厂印装　全国新华书店经销
2010年9月第1版　2010年9月第1次印刷
开本：890毫米×1 240毫米　1/16　印张：6.5　字数：185千字
ISBN 978-7-107-23264-0　定价：12.00元

《中国教育科研报告》编委会

中国教育科研报告

人民教育出版社

出版人
李志军

总编辑
徐　岩

监制
魏运华

特约责编
朱　珊

丛书责编
赵云来

主审
吕　达

中国教育科研报告

目录

第5卷第3辑 ,2010

研究报告

成果公告

论点摘要

学界大视野

教育科研大家谈

教育著作评论

中国教育科研报告

第5卷第3辑
(总第19辑)

编辑部电话
010-62012570 62003308
传真
010-62367408 62019388
邮政编码
100088
地址
北京市北三环中路46号
电子邮箱
jks.qgb@cnier.ac.cn
网址
http://onsgep.moe.edu.cn

中国教育科研报告

目 录

第5卷第3辑，2010

教育科研机构

历史丰碑

学术动态

Report on Education Sciences Research in China

CONTENTS

Vol. 5, No. 3, 2010

Report on Education Sciences Research in China

CONTENTS

Vol. 5, No. 3 , 2010

Institutions of Education Sciences Research

Historic Monuments

Acadomio Trends

研究报告

我国大学科研团队的培育研究*

万文涛
（江西师范大学）

科研团队是指以科学技术研究和开发为核心任务的，由为数不多的在知识和能力上互补的，愿意为共同的科研目标而相互配合、相互承担责任的专业学术人员群体。本文的这一定义包括以下几层含义：（1）科研团队是一种特殊的团队，是以科学技术研究和开发为核心任务的团队。科研团队往往还肩负着培养科研人才的重任。（2）科研团队的成员人数不宜过多。由于需要高频度的相互沟通和交往，团队的核心成员数量不宜过多，以5个左右（3～7个）为宜。多了会引起沟通不足，造成智力资源浪费等弊端。科研团队还可以有更多一些的学习者、研究生以及其他一些非核心成员。如果成员实在太多，那就意味着有走向分化的可能。（3）科研团队成员在知识和能力方面是互补的。只有这样，成员们在一起共同研讨学术问题才可以相互开拓视野，相互弥补由学业专攻带来的能力局限，从而使科研团队能够激发出比个人创新能力总和还要大得多的集体创新能力。（4）科研团队一定要有共同的奋斗目标。奋斗目标不是留在纸上的空洞口号，而是内化于每个成员的心灵。他们愿意将这一目标视为自己最重要的阶段性人生目标，并愿意为实现这一目标而不懈努力。（5）科研团队成员在行动上积极配合，相互承担责任。科研团队成员有鲜明的团队意识、整体意识，自觉自愿地置个人努力于整体之中，都希望通过分工协作来寻求最佳的整体利益。不去斤斤计较、遇事推诿，而是相互担待、相互承担责任。

大学科研团队是科研团队当中的一种，是生存于大学环境之中的科研团队。从有生命、有记忆、高智慧的自组织系统理论的角度来看，大学科研团队同其他许多科研团队一样，具有协同性、有序性、发展性、创新性、自控性等社会组织所共有的自组织特性。

一、研究背景和文献综述

（一）研究背景

1. 科技组织发展背景

当代科技的发展已经进入了一个“带头学科加速更替、学科知识交叉渗透、研发周期日益缩短”的新时代。面对着数不胜数的、多环节、跨学科的研究课题，“单兵作战”的个体研究方式已经不能适应时代的要求，人们纷纷寄希望于通过扩大科研合作来摆脱困境、迎接挑战。

世界科技中心转移的历史也越来越清楚地表明，只有不断提高科研合作程度，不断实现科研组织的“升级”，才能不断应对科技进步对个人智慧极限所带来的持续挑战。意大利（1540～1610）、英国（1660～1730）、法国（1770～1830）先后成为世界科技活动中心的时代，是科技知识纷纷萌芽诞生的时代，也是科学巨匠个体创新的黄金时代。而德国（1810～1920）之所以能够继

＊本文是作者主持的全国教育科学“十一五”规划教育部重点课题“我国大学科研团队的培育研究”（项目批准号：DIA060147）结题报告的部分内容。

法国之后成为世界科技活动的中心，则与它们率先实现了科研组织的团队化有着密切的关系。早在1826年，德国化学家李比希就在吉森大学建立了世界上第一个实验室。这实际上是世界上最早的没有称之为科研团队的科研团队组织。李比希的实验室区别于早期的私人实验室，不仅设备精良，而且还有一大批的学生团结在名师的周围，相互交流、相互启迪，专心致志于科研工作，结果很快就取得了辉煌的科研成就。在此之后，德国的其他大学纷纷效仿，陆续建立起了自己的实验室，开启大学科研组织的团队化之路。其中最著名的实验室有：米勒在柏林大学建立的生理实验室；马格努斯在柏林大学建立的物理实验室，也即后来赫姆霍兹工作过的实验室；路德维希和冯特在莱比锡大学建立的生理实验室等。美国之所以能够成为当今世界科技活动的中心，与他们在学习德国经验的基础上，进一步扩大了科研合作的范围有着密切关系。美国以大项目为抓手，将分散在各大学和科研机构的科研团队紧密联系在了一起；以科技园等组织为载体，全面实现了产、学、研的结合，从而构建起了以科研团队的基本组织细胞的学术生态系统。正是这一富有生机活力的学术生态系统，稳固了美国的科技中心地位。

2. 中国当代高教背景

与科研组织团队化、系统化这种大趋势形成鲜明对照的是，我国一些大学的科研活动基本上还处在“单兵作战”为主的状态。除了有少数自发组建的“师生合伙”、“夫妻开店”式的科研团队和个别重点扶持的科研团队外，绝大多数的科研工作者都在各自为战，做着小规模、低水平的重复研究，结果是耗时费力效率低下，严重扼制了我国大学科研水平的发展，也严重影响了我国科技自主创新能力的提高。

可喜的是，在对外开放多年之后，国人终于意识到了我国的科技落后在很大程度上是科研组织形式落后造成的。为了扭转落后局面，我国已经从加强科研团队培育入手开始了学术生态系统的建设。从1984年开始，我国陆续推进了三个级别（国家级、省部级、校级）的重点实验室建设、工程研究中心建设、人文社会科学重点研究基地建设和重点学科建设等一系列建设工程。从2003年开始，我国教育部、科技部又联合推出了“长江学者和创新团队发展计划”，有意识地将重点实验室、研究中心、研究基地和重点学科的建设，纳入到创新团队建设的思路上来了。

应当说，经过二十多年的努力，我国大学科研组织的团队化建设已经取得了一定成绩。截止到2007年年底，我国已公布的国家重点实验室达到了220个，国家工程研究中心141个，国家重点学科涉及335个学科门类的902个学科点，教育部重点实验室149个，教育部人文社会科学重点研究基地151个。但是，如果仔细分析一下就不难发现，我们的大学科研团队建设还存在不少问题：一是大学科研的团队化程度还有待大幅度提高。从累加数字来看，国家级的科研团队似乎就已经不少了，但是如果除去其中交叉申报的部分，平均每所大学不到一个。即便再加上省级和校级的重点实验室、研究中心、研究基地或重点学科，也只能覆盖全国所有高校全部学科点中的一少部分。大部分学科点的教师在科研上还没有被真正组织起来，还是“散兵游勇”，长期做着低水平的重复研究，徒劳无功。二是不少科研团队有名无实。在我们的大学里，各种名目的科研团队建设都具有“速成”特点。一般都是政府重视大力推进，学校动员组织申报，院系临时组队搭班，管理部门再按指标额度审批，得到审批和经济支持就挂牌成立。但在成立之后，未必都有实质性的科研合作。三是缺乏必要的理论指导和可借鉴的经验。我国早期的重点实验室、研究中心、研究基地或重点学科建设，并没有纳入到团队建设的思路上来。即便在2003年之后，我们初步具备了团队建设的思路和意识，但也还是缺乏较为成熟的科研团队理论作指导，缺乏可供借鉴的成功经验，多少还带有点“摸着石头过河”的味道。

在我国大学科研团队即将蓬勃发展之际，在继往的大学科研团队建设并不尽如人意之时，应当如何根据科研团队的组织特性，根据科研团队的创新规律和生成发展规律，根据大学制度和文化环境的特点，科学合理地开展大学科研团队的培育？这个问题自然就凸显了出来，成了亟待解决的重要问题。

（二）文献综述

1. 国外有关团队和科研团队的研究现状

自从20世纪70年代后期“团队理论”开始诞生以来，国外“团队理论”研究取得了长足的进展。近年来，国外“团队理论”研究的最新成果及对科研团队专门研究的成果有以下几个。

（1）团队有效性的概念、影响因素及评估。团队有效性是国外“团队理论”研究所关注的重要课题之一。Hackman（1987，1990）认为，团队有效性是指团队实现预定目标的实际结果。它可以从三个维度来衡量：团队绩效、团队成员满意度、团队生命力。近年来，Barry 等学者的一系列研究表明，团队人格、组织公民行为、团队效能和团队共享心智模型等方面是影响团队有效性的重要因素。

（2）团队的生命周期与团队学习理论。团队作为一个有生命的主体，研究其发展的阶段性，研究其实现发展的学习机制，也是“团队理论”研究始终关注的重要课题之一。早在 20 世纪 70 年代，学者塔克曼（1977）小型团队将生命周期划分为组建期、震荡期、规范期、执行期和解散期五个阶段。随后，Katzenbach 和 Smith（1993）、凯普泽奥（2001）等人分别发表了各自不同的观点。国外团队学习理论研究认为，团队学习是一个反思与行动相互交织的过程，是发生在团队之中的信息加工过程，也是团队知识结构持续发生变化的过程。Chan（2003）等人、Van Der Vegt（2005）等人和 Yeh（2005）等人的大量研究结果表明，团队学习对提高团队绩效有直接或间接的正效应。

（3）科研团队创新能力影响因素及创新能力建设研究。这是国外学者对科研团队开展专门研究的重要内容之一。Van de Vah 等人（1995）认为团队创新能力就是“团队成员按照一定组织原则保持相互沟通发展和使用新颖构思的能力”。Bettenhausen（1991）的实证研究发现，团队的领导方式、成员间联系的紧密性、存在期、成员的科研背景以及团队结构，是团队创新能力的决定因素。此后，Jo Cooke（2006）等人也做过类似的研究。

（4）对跨学科、跨国界科研团队的热切关注。西方发达国家无论是大学科研团队还是企业科研团队，均已进入了跨学科（或领域）、跨国界（或跨文化）的发展阶段。因此，跨学科、跨国界科研团队很自然地成了他们研究热点。

（5）“科研团队”在教育、医疗实践中的应用研究。西方发达国家非常重视“科研团队”这样一种组织形式在育人活动、医疗实践中的广泛运用。在教育方面，Farmer Yvette 等人（2005）运用“合作科研团队”这样一种组织形式，开展大学生、研究生课堂教学和教育评价活动。在医疗方面，“治疗效果研究团队”作为一种在精神治疗中普遍得到认可的模式，运用到了哮喘和肺炎病人的治疗当中，取得了良好的治疗效果。

2. 国内有关科研团队的研究现状

从 2002 年开始，国内有关“科研团队”研究的文献从无到有、逐渐丰富。但从总体上看，国内对科研团队的研究套用国外相关概念的多，自主创新的少；定性分析的多，定量探讨的少，尚处在起步阶段。

（1）科研团队的概念、类型、特征及培育意义。国内刚开始研究科研团队时，对“科研团队”这一概念有过一番探讨。但是，国内对“科研团队”这一概念的理解逐步趋于一致，并且明显带有套用国外一般团队概念的痕迹。

国内学者对高绩效科研团队特征（特点），最初明显具有套用一般团队特征理论的痕迹，到后来才明显有所深入。2009 年，还有人在前人研究的基础上，进一步讨论了高校科研团队的特征。对科研团队特征的探讨有分境域进一步具体化的趋势。

对科研团队培育的必要性，许多文献中都附带有所论述。概括学者们的零星论述，观点主要涉及三个方面：①科研团队是“学科交叉”对科研组织的客观要求；②科研团队是大学加强学科建设，提高科研水平，提升核心竞争力的需要；③科研团队是培养研究型人才，尤其是培养学术骨干、学科带头人等高层次研究人才的需要。

（2）科研团队创新业绩的影响因素与能力建设研究。国内许多文献并没有严格区分是影响科研团队创新能力的因素，还是影响科研团队创新业绩的因素，存在一定的混乱性。目前国内已有一些涉及科研团队能力建设的专门文献，但基本上处在套用国外相关概念的水平上，或者停留在比喻的水平上。事实上，科研团队的能力不仅表现为创新能力，而且还表现为育人能力。

（3）科研团队的生成与发展研究。科研团队是一个有生命的、有记忆、高智慧的自组织系统，自然有其生成、发展的自身规律。受到国外团队生命周期理论的强烈影响，国内学者对科研团队的生命周期也予以了关注。近年来，国内学者对促进科研团队成长发展的学习机制也予以了初步关注。科研团队作为学术生态系统中的“组织细胞”，它的生存并不是孤立的，而是与其他组织共生的。

（4）科研团队的组织管理研究。国内学者对高校科研团队的领导或带头人问题予以了特别的关注。激励问题始终是组织研究的热点问题之一，国内学者对科研团队的激励问题也予以了热切的关注。除了激励问题外，国内有学者试图更广泛地探讨科研团队的人力资源管理问题。同其它类型的团队组织一样，科研团队也有信任、沟通与冲突问题，国内学者对此已有一些研究。当然，国内学者对科研团队中的信任、沟通和冲突问题的研究，仍然带有嫁接国外相应理论的痕迹。

（5）科研团队的运作管理。科研团队的运作包括资源管理、项目管理、成果管理、学术交流与合作管理、研究生教育管理和团队评估等诸多方面的内容。在科研团队运作管理研究中，学者们对科研团队的评估问题关注较多。有人认为对科研团队的评估，应区分为初期评估、中期评估、终期评估；有人尝试着探索对科研团队进行模糊综合评价。

（6）科研团队的制度和文化建设研究。科研团队的组织和运作管理，都需要有制度保障和文化支撑。在分配制度研究方面，运用博弈论研究团队分配问题似乎成了一种潮流。在科研资助、奖励、知识产权保护、科技成果等方面，也有许多人做过相应的制度研究。团队精神是自主创新的灵魂，不过，国内学者对科研团队的团队精神、文化建设方面的研究才刚刚起步，对科研团队人文环境建设的意义、方法的认识也很粗浅。

3. 有待进一步解决的问题

综观国外团队理论研究的最新成果和国内外对科研团队的专门研究成果，我们不难发现，国外对以企业为背景的各色团队的研究，早于对以大学为背景的科研团队的研究，而国内对“科研团队”的专门研究则是从2002年开始的，比国外又晚了7年以上。从总体上看，学者们对科研团队的研究尚处在起步阶段，虽然取得了不少成绩，但也还有许多问题有待于进一步深入探讨。

（1）对科研团队创新能力、创新业绩影响因素的研究，有待于提高量化水平。国外对团队有效性影响因素的研究，已经走到了寻求影响因素与有效性之间的相关程度的量化研究阶段。

（2）对科研团队的生成与发展规律的研究，有待于深入揭示其内在机理，并进行必要的实证研究。目前国内仅有的对科研团队发展阶段的研究，还基本上处在套用国外团队生命周期理论的状况，缺乏实证研究的基础，缺乏量化判断的依据。而国外对团队的生命周期进行划分，往往是建立在实证研究的基础上，建立在绘制出团队业绩曲线的基础上。

（3）明显缺乏对科研团队生存环境的研究。科研团队作为一种有生命的系统，它的生成与发展明显要受到环境条件的制约，明显带有境域性特点。分别研究不同文化背景下、不同社会组织中科研团队的生存境域，探求科研团队生存环境的优化途径，具有十分重要的意义。因此，区分不同的文化环境，分别探讨科研团队的文化建设问题，也是未来研究不容忽视的重要任务。

（4）国内明显缺乏对科研团队的广泛应用研究。仅就科研团队在教育中的应用研究而言，国内对科研团队何以具有不可替代的教育功能认识不足，对科研团队在教育中的应用研究还停在介绍国外经验、论述其有价值的阶段，深入研究的空间还很大。

二、研究视角与方法

（一）研究视角

本课题运用有生命、有记忆、高智慧的自组织系统理论，来审视“大学科研团队”这一社会组织细胞。

在20世纪40年代，贝塔朗菲、申农、维纳等人几乎在同时创立了系统论、信息论和控制论，俗称“旧三论”，主要的研究对象是一般系统。在60至70年代，以普利高津、哈肯、艾根、托姆等人先后创立了耗散结构理论、协同学、超循环理论、托姆突变论，主要的研究对象是自组织系统。在80至90年代，系统科学又有了新的发展。分形理论、混沌理论等现代系统理论，揭示了隐藏在混沌背后的惊人秩序，开始触及生命的本质。

自组织系统是一般系统当中的特例；有生命的系统又是自组织系统当中的特例；有记忆的系统又是有生命系统当中的特例；而人又是高智慧的系统，是有记忆系统当中的特例。科研团队是由人构成的，是一个以高智慧系统为基本单元的社会组织系统，更是一个凝聚集体智慧的、有记忆的、有生命的自组织系统。我们可以也应当用有生命、有记忆、高智慧的自组织系统理论，来审视“大学科研团队”。

研究者认为，对任何一个社会组织系统而言，其运行都遵循以下五个方面的系统规律：(1) 系统单元之间的竞争与协作规律。社会组织系统的基本单元是人，而每个人都是有生命、有记忆、高智慧的主体，都想挥写自己的人生。在资源和机会有限的现实社会中，人们竞相挥写自己的人生，必然引发相互竞争。而在开放的环境中，有时条件不适当，个体宁愿选择自己单干，与他人直接竞争；而有时条件适当，个体宁愿选择与他人合作，凝聚组织成团队，“抱成团”对外竞争。(2) 系统整体格局的混沌与有序规律。任何一个社会组织系统都不可能不受到内外因素的干扰，从而导致混乱，甚至全面陷入“混沌”之中。而在社会组织系统对外开放，系统内外相互作用呈非线性特征，外界给系统补充能量的前提下，原本混乱一片的社会是可能自发组织起来，自觉形成相对稳定的社会组织秩序的。这种社会组织秩序主要表现为组织结构、组织制度和组织文化等三个层面。(3) 系统发展过程中的继承与超越的规律。任何一个社会组织都在某种程度上记载着自己的历史，并且生活在、沉浸在这些历史当中。正是由于社会组织具有这种记忆特性，才使得社会组织系统每前进一步，都是在已有的基础上跨出一步，既存在路径依赖，也需要超越自我。从长远来看，任何一个社会组织系统都有其诞生、成长、成熟、衰亡的发展历程，概莫能外。(4) 智能系统的学习与创新规律。社会组织作为一个有生命、有记忆、高智慧的主体，可以也必须与时俱进，在不断向其他组织学习，不断自主创新之中前进。不学习、不创新就等于自甘堕落，必将被社会所淘汰。(5) 社会组织的“自控”与“他控”规律。具有学习和创新能力的社会组织系统，不仅能够逐步学会自主控制自己，谋求自主发展、自我完善，而且还能逐步学会与外界交往，合理回应外界的诉求。社会组织系统“自控”意识和能力的成长，既依赖于自身成长，也依赖于外界的唤醒和让步。在审视“大学科研团队”，解剖这只“麻雀”的过程中，注意把握它的这样一些运行规律多有裨益。

(二) 研究方法

1. 文献法。查阅国内外有关团队、科研团队、学术团队、研发团队、创新团队、大学或高校科研团队、大学或高校创新团队等方面的文献，并分国内、国外分别梳理。

2. 调查法。一是采用网上调查统计法，查找世界上全部诺贝尔科学奖获得者在获奖成果诞生时的年龄，以便通过建模分析，寻求个体的知识累积规律和创新能力发展规律；二是对大学科研团队的管理者和参与者进行调查，探求影响大学科研团队创新业绩的主要因素；三是采用访谈调查法，探寻我国大学科研团队生成困难的原因，以及职务发明专利权归属制度、科研分配制度、科技资助和奖励制度、科技成果转化体制、团队文化氛围中，存在哪些不利于科研团队成长发展的主要问题。

3. 案例分析法。分人文社会科学、理科、工科、心理与教育等不同类别，分别选取若干个不同性质的大学科研团队，先采用网上调查法，逐年统计这些团队所取得的科研成果，再逐一走访核实，逐一量化分析，以便据此分析大学科研团队的成长发展规律。

4. 数学建模法。一是依据诺贝尔奖得主的获奖成果诞生时的年龄统计数据进行数学建模，从而探求个体知识增长和创新能力发展函数，进而探求两人合作情况下科研团队创新能力模型；二是建立合作博弈模型，研究分析大学科研团队的生成规律；三是建立合作博弈模型，探求大学科研团队的最优分配制度，以及最优职务发明专利权归属制度，最优科研奖励制度等等。在充分认识个体创新的思维本质的基础上建立数学模型，探求个体创新能力函数。并以个体创新能力函数为基础，进一步建模推导出在两人合作的情况下，大学科研团队的创新能力函数。运用博弈模型探讨大学科研团队的生成条件，以及大学科研团队的分配、职务发明专利权归属、科技奖励等制度方面问题。

三、研究结论及启示

(一) 构建了个体和团队的创新能力函数

1. 混沌学视野中的个体创新思维

本课题组研究认为，从混沌学的角度来看，拥有一定的理论基础和实践经验的积淀，是个体实现知识创新的前提和基础；发现、捕捉到科学问题是个体实现知识创新的起点；善于在混沌之中构建科学假设，是个体实现知识创新的关键；假设检验是个体确认新知是否科学的基本保障。

2. 研究者个体创新的能力函数

基于对个体创新思维的以上认识，我们可以

假定：（1）创新者在某时刻所储备的知识量为 x；并且创新者进行科学检验的逻辑思维能力与 x 成正比。（2）创新者的知识储备极限值为 K；创新者拥有的知识量 x 与 K 值的差距越大，他的思维就越容易摆脱已有核心知识的束缚，越容易"滑出"常轨，提出问题和假设的能力也就越强；创新者提出问题、假设的混沌思维能力与 $(k-x)$ 呈正比例关系。（3）创新者的知识创新能力 y 是他的混沌思维能力和逻辑思维能力的乘积，也即 $y=mx(k-x)$，其中 m 为知识创新系数。（4）创新者在研究的过程中，通过查阅资料、学术讨论、实验实践等途径所习得的核心知识是他所创造的核心知识的 n 倍。根据这些假定，可以得出如下数学模型：

$x=\dfrac{K}{1+e^{-at+b}}$；[其中 $a=m(n+1)K$，a、b 均为待定系数]

在进行参数估计和模型检验时，我们统计发现：截至 2007 年，美国诺贝尔科学奖得主共 273 名，其中物理学奖得主 86 名，化学奖得主 57 名，生理学或医学奖得主 89 名，经济学奖得主 41 名。这些诺贝尔奖得主在获奖成果诞生时，他们的年龄分布如表所示。

美国诺贝尔奖得主在获奖成果诞生时的年龄分布

项目＼年龄	21～25	26～30	31～35	36～40	41～45	46～50	51～55	56～60	61 以上
物理学	2	15	25	19	15	7	1	2	0
化学	0	5	10	15	12	8	4	1	2
生物和医学	2	3	17	29	18	10	6	2	2
经济学	1	5	5	14	6	4	3	1	2
合计	5	28	57	77	51	29	14	6	6
百分比	1.83%	10.3%	20.9%	28.2%	18.7%	10.6%	5.13%	2.20%	2.20%

依据上表所示的统计数据进行参数估计和模型检验，结果表明，我们的模型假设是完全成立的。计算机搜索发现，当 $a=-0.20935$，$b=7.990875$ 时，模型值与实际值之间的拟合程度最好。此时相关指数 $R^2=0.977414$，平均相对误差 $RPe=6.538\%$，这表明我们的模型具有较高的精度。

根据以上建模研究，我们可以得出以下结论：（1）美国诺贝尔奖得主的知识随年龄增长呈 Logistic 曲线变化（如图曲线 1 所示，纵坐标单位为 K）。（2）美国诺贝尔奖得主的创新能力随年龄增长呈"钟形"曲线变化（如图曲线 2 所示，纵坐标单位为 $mK^2/4$）。在 13 岁左右就明显具备了一定的自主创新能力，且随着年龄的增长创新能力也在增长，至 38.17 岁左右创新能力达到顶峰，随后创新能力又逐步下降。如果以具备了最高创新能力的 20% 为评判标准，那么美国诺贝尔奖得主开展创新活动的"黄金时期"为 28 年。

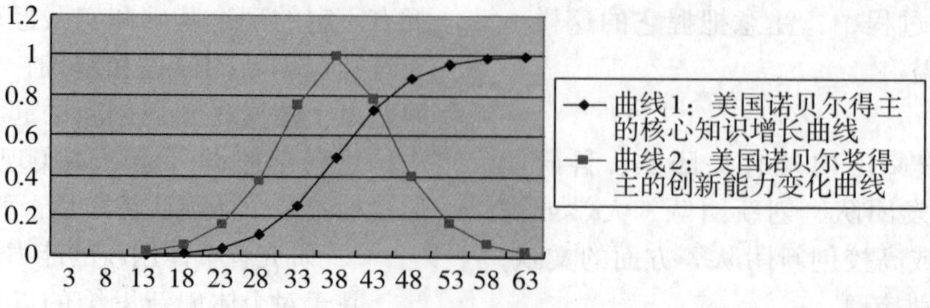

本研究结论表明，美国从小学开始就实施创新教育取得了巨大的成功。我国要想真正建设成为一个创新型国家，要想实现诺贝尔科学奖零的突破，就必须汲取美国人的成功经验，从根本上改善我国创新人才的培养。必须努力摆脱博弈困境，实现向素质教育的转轨；必须更新打好了基础再学创新的观念，创新教育需要从小抓起；必须加强科研团队建设，释放应有的学术自由。

3. 大学科研团队的创新能力函数

对一个两人合作的科研团队而言，我们可以假定：(1) 团队成员分别为研究者1和研究者2；研究者1所拥有的知识量为 M_0+M_1，研究者2所拥有的知识量为 M_0+M_2；M_0 为研究者1与研究者2共享的知识量；M_1 为研究者1所拥有的个性化知识量，M_2 为研究者2所拥有的个性化知识量；研究者1和研究者2的知识储备极限均为 K。(2) 研究者2配合研究者1开展研究活动的配合系数为 r_{21}；研究者1配合研究者2开展研究活动的配合系数为 r_{12}。(3) 在团队中或许两位研究者都有课题，研究者2放下自己的课题配合研究者1开展研究的概率为 λ $(0\leqslant\lambda\leqslant1)$，而研究者1放下自己的课题配合研究者2开展研究的概率为 $1-\lambda$。

根据这些假设，我们可以推导出两人合作的科研团队，其知识创新能力函数为：

$$P_{团}=\frac{M_0+[\lambda+(1-\lambda)r_{12}]M_1+[1-(1-r_{21})\lambda]M_2}{M_0+M_1}P_1+\frac{M_0+[1-(1-r_{12})\lambda]M_1+[\lambda+(1-\lambda)r_{21}]M_2}{M_0+M_2}P_2$$

（二）影响我国大学科研团队创新业绩的主要因素

本课题组从理论上分析认为，影响大学科研团队创新业绩的因素可归为团队结构、协作程度、环境条件、团队运作等四个大的方面十六个小的方面。通过调查研究表明，在这些因素中对大学科研团队创新业绩影响最大的依次是：(1) 团队内部沟通的有效性，权重占13.8%；(2) 团队角色的匹配程度，权重占11.3%；(3) 学术带头人水平的高低，权重占10.1%；(4) 内外学术交流的活跃程度，权重占8.2%；(5) 科研精力的集中程度，权重占8.0%；(6) 团队成员价值认同感，权重占7.6%；(7) 科研条件与经费的保障水平，权重占7.1%；(8) 文化氛围对团队科研的有利性，权重占5.9%；(9) 团队成员学术异质性，权重占5.7%；其余因素的影响程度均未达到5%。

大学科研团队培育工作的重点应当是：(1) 要物色、遴选好最杰出的学术带头人；(2) 要设法保持科研团队成员的异质性；(3) 必须实现科研团队内部成员角色的合理匹配；(4) 要注意人际关系的和谐，提高团队内部沟通的有效性；(5) 要努力提高科研团队成员的价值认同感；(6) 要搭建好团队科研所必须的物质平台，建立科研经费保障机制；(7) 加强科研团队文化建设，构筑团队精神；(8) 建立活跃的内外学术交流机制；(9) 要减轻负担、屏蔽干扰，让团队成员集中精力搞科研。

（三）大学科研团队的生成条件和发展规律

1. 大学科研团队的生成条件

从博弈论的角度来看，具有“超可加性”和“有效协议”是大学科研团队生成的充分必要条件。而从现实情况来看，我国大学的确存在组织壁垒阻碍科研人员自由组合；缺乏名符其实的学术带头人来凝聚团队；成果“挂名”扼制真诚合作；现行经济利益分配习惯助长学术单干等问题，结果造成了科研团队生成困难的现实。我国要催生一大批卓有成效的科研团队，就必须活化组织制度，消除院系组织壁垒；坚持生态理念，改善学术带头人的培育；净化学术空气，改进成果署名方式；实行政策扶持，健全团队分配制度，积极创设适宜大学科研团队生成的充分必要条件。

2. 大学科研团队的发展规律

案例分析表明，大学科研团队创新业绩变化曲线一般如下图所示。据此我们可以认为，大学科研团队的生命周期可划分为成长期、成熟期、更

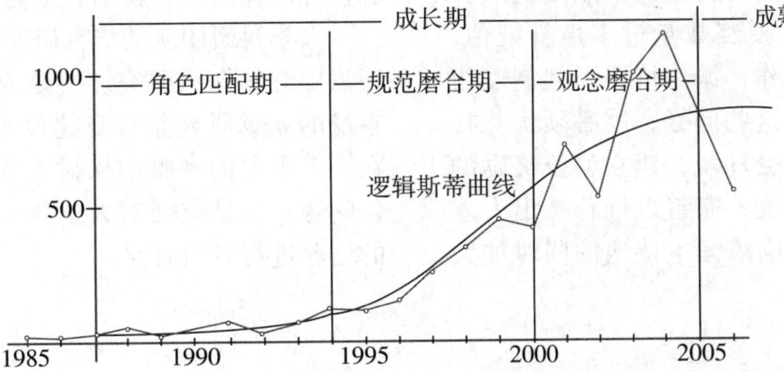

大学科研团队创新业绩变化曲线

新期三大时期，而成长期又可细分为角色匹配期、规范整合期、观念整合期三个时期。大学科研团队的培育工作必须抓住其发展规律，根据大学科研团队发展的主体性特点，对培育对象给予相应帮助；抓住大学科研团队发展的阶段性特点，分阶段突破工作重点；抓住大学科研团队发展的个别性特点，对培育对象实行个别化培育。

（四）适宜大学科研团队生存发展的制度和文化环境

1. 适宜大学科研团队生存发展的分配制度

本课题组建立博弈模型进行分析表明，大学科研团队这一凝聚个人智慧的重要组织形式，很难完全摆脱“搭便车”问题的困扰。研究者越是在科研团队中举足轻重，越应分得相对较多的团队所得剩余分额；相反，研究者越是在科研团队中影响不大，就越应分得相对较少的团队所得剩余份额。科研团队成员对科研团队业绩的影响力差距越大，投资者S越应取得较多的合作剩余份额，但最多也不应达到合作剩余的一半；相反，科研团队成员对科研团队业绩的影响力差距越小，投资者S越应取得较小的合作剩余份额。

2. 适宜大学科研团队生存发展的职务发明专利归属制度

调查表明，在我们的大学里，的确仍然存在职务发明热情低，职务发明专利转化率低，职务发明专利流失率高等现象。我们认为，这种“两低一高”现象之所以产生，与我国现行的职务发明专利归属制度不当有关。要扼制“两低一高”现象的持续泛滥，就得平衡大学与研发人、投资人之间的权利关系，将职务发明的原始权力人归属于发明人。

3. 适宜大学科研团队生存发展的科技奖励制度

调查表明，目前我国的科技奖励制度仍然存在社会力量设奖过少，授奖数量过多声誉贬值，项目自荐有碍于团队合作，派生待遇引起制度扭曲等突出问题。要解决这些问题，就必须优化社会力量设奖的政策和社会环境，建立科技奖励的信息平台和信誉评估制度，完善以推荐杰出人才为基础的评奖机制，在削减派生待遇的同时加大内在激励和外在直接奖励的力度。

4. 提高大学科研成果转化敏捷性的制度改革对策

统计数据表明，我国科技成果的供需矛盾仍十分突出，研非所需、转化迟缓的现象比比皆是。一方面是企业界在闹科技项目“饥荒”，而另一方面则是高校有大量的科技项目在“赋闲”。一方面是企业要求“整体转让”，而另一方面则是高校提供的多半是处于种子期的技术。一方面是企业非常“现实”，希望高校能伸出援助之手，但又不一定急于投入做第一个吃螃蟹的人，而另一方面则是高校更喜欢追求“理想”，竭力追求课题的前沿性、先进性，不太关心企业提出的问题。一方面是企业讲究投资要“立竿见影”，而另一方面则是供给者“行动迟缓”，科技成果的转化往往要经历漫长的道路。

我们认为，我国高校科技成果转化之所以研非所需、行动迟缓，是由多方面的原因造成的。一是转化动力不足，阻力太大；二是科技成果的市场交易困难；三是科技成果转化环节众多。要提高大学科技成果转化的敏捷性，我国有必要完善科技成果转化主体的激励机制；优化科技成果转化的融资环境；提高科技中介机构的服务水平；加强科技成果转化过程的统筹管理。

5. 适宜大学科研团队生存发展的文化环境

研究者认为，大学科研团队应倡导三大精神，即以创造人生、以人为本、天人合一为主要内涵的人文精神，以学术批判、实事求是、创新超越为主要内涵的科学精神，以携手共进、学术民主、见利思义为主要内涵的协作精神。倡导这些精神有利于团队内部关系和谐，促进团队成员之间的长期合作；有利于实现团队科技创新，促成对已有人类文明的真正超越；有利于激发团队创新斗志，并确保团队创新朝着正确的方向不懈努力。

大学科研团队的培育研究是一个未完的课题，还需要继续深入研究。一是要站在大学科研团队本身的立场研究其自身建设步骤、方略；二是要在一个更大的视野中探讨大学科研团队的发展定位问题；三是应当对大学科研团队的学术带头人的培养进行专门研究。

Vol. 5 , No. 3
September, 2010

国家教育考试制度创新经济分析*

靳希斌
（北京师范大学）

国家教育考试制度隶属于国家教育制度。它是由国家法律、法规规定的对教育所形成的人力资本进行测量与招生选拔，给人提供更高层次教育机会的考试制度。国家教育考试制度具有两种基本功能，即水平测试功能和教育机会选拔功能。按照功能标准，可以对国家教育考试制度进行分类，即可以分为选拔性国家教育考试制度和水平性国家教育考试制度。选拔性国家教育考试制度在教育制度系统内部具有教育机会分层的作用，这实际是和招生制度相结合而体现出来的，因此选拔性教育考试制度通常称为国家教育招生考试制度。国家教育招生考试制度可以有广义和狭义之分，广义的是统称。如果对国家招生考试制度内部进行分析还可以进行狭义的分类，分为考试制度和招生制度。这时，考试制度可以理解为招生制度中的一种方法，而招生制度可以不需要与考试制度相联系，例如分区域分配名额的制度，考生非学习性加分制度都与考试制度没有关系。本研究在讨论选拔性教育考试制度时取广义统称概念，在对选拔性教育考试制度进行内部分析时取狭义概念。

“国家教育考试”概念正式出现在法律文件中首推 1995 年 3 月 18 日颁布的《中华人民共和国教育法》，随后分别见诸于国家相关教育法律法规之中。例如，《中华人民共和国教育法》第二章第二十条对实施国家教育考试制度的规定：“国家实行国家教育考试制度。”对国家教育考试制度种类确定权的规定：“国家教育考试由国务院教育行政部门确定种类。”以及对国家教育考试活动承办机构的规定：“由国家批准的实施教育考试的机构承办。”这是我国最早提出“国家教育考试制度”概念。

一、教育考试组织制度创新：决策与服务

不同国家有不同的考试组织机构形式，约翰·基夫斯列举了国际上三种考试机构建立的通常模式。第一种，考试机构作为政府的行政机构而建立，它负责所管辖地区的教育。第二种，考试机构由那些考试结果的主要享用者所建立。这些享用者通常是高等教育院校，选择功能占据主导地位。第三种，考试过程中所有各方，包括教师、教育管理者、工作人员、高等教育院校、政府以及各种委员会都是“相关利益者”。约翰·基夫斯认为第一种模式会沦为政府的政治工具，从历史上看第二种模式占据主导地位，因为公共考试主要目的就是为高校选拔学生。第三种模式是比较理想的模式。它不受政府和高校利益的主宰。我国的教育考试机构属于第一种模式。这与我国的教育属性和政治文化传统有关。在我国，公立学校教育占有绝对优势，学校的利益即是政府的利益，随着民办教育的不断发展，高校自主招生权力的不断扩大，国家教育考试组织的职能也在不断转变。

组织制度创新中，组织机构的职能转变与定位是关键。我国教育考试组织机构存在四级管理组织，即教育部考试中心，省（直辖市、自治区）考试院，地市招生办公室，区县招生办公室。从既有的职能定位和行政管理分析，一级组织机构八项职责，除四项实施学历文凭考试已经成为了历史之外，余下七项职责中，教育部考试中心的职能主要是执行教育部制定的考试制度、研究考试理论和培训考试人员的职能，对于政策的制定只是“参与教育部有关司组织教育考试的政策和规定的草拟”，这说明并不代表考试中心有制定考试制度的权力。因此，我国教育考试制度的决策

* 本文是作者主持的全国教育科学“十一五”规划教育考试专项课题“国家教育考试制度的经济分析”（项目批准号：GFA060443）结题报告的部分内容。

权在教育行政部门，而四级教育考试组织机构只是教育行政执法的授权组织。

我国的教育考试的行政执法主体，从法律赋予的权力划分，可以分为法定行政机关和授权执法组织。法定行政机关有省（直辖市、自治区）教育厅、地市教育局、区县教育局。其法律依据是《中华人民共和国教育法》第十五条："国务院教育行政部门主管全国教育工作，统筹规划、协调管理全国的教育事业。县级以上地方各级人民政府教育行政部门主管本行政区域内的教育工作。"《中华人民共和国义务教育法》第八条："义务教育事业，在国务院领导下，实行地方负责，分级管理。"《中华人民共和国职业教育法》第十一条："国务院教育行政部门负责职业教育工作的统筹规划、综合协调、宏观管理。国务院教育行政部门、劳动行政部门和其他有关部门在国务院规定的职责范围内，分别负责有关的职业教育工作。县级以上地方各级人民政府应当加强对本行政区域内职业教育工作的领导、统筹协调和督导评估。"《中华人民共和国民办教育促进法》第八条："县级以上地方各级人民政府教育行政部门主管本行政区域内的民办教育工作。"《中华人民共和国教师法》第十三条："中小学教师资格由县级以上地方人民政府教育行政部门认定。中等专业学校、技工学校的教师资格由县级以上地方人民政府教育行政部门组织有关主管部门认定。普通高等学校的教师资格由国务院或者省、自治区、直辖市教育行政部门或者由其委托的学校认定。"《中华人民共和国义务教育法实施细则》第三条："实施义务教育，在国务院领导下，由地方各级人民政府负责，按省、县、乡分级管理。各级教育主管部门在本级人民政府领导下，具体负责组织、管理本行政区域内实施义务教育的工作。"《教育行政处罚暂行办法》第四条："实施教育行政处罚的机关，除法律、法规另有规定的以外，必须是县级以上人民政府的教育行政部门。"

授权执法的组织有教育部考试中心，省、市、区县招生考试委员会办公室。其法律依据是《中华人民共和国教育法》第二十条："国家实行国家教育考试制度。国家教育考试由国务院教育行政部门确定种类，并由国家批准的实施教育考试的机构承办。"《高等教育自学考试暂行条例》［国发（1988）15号］第九条："省、自治区人民政府的派出机关所辖地区（以下简称'地区'）、市、直辖市的市辖区高等教育自学考试工作委员会（以下简称'地市考委'）在地区行署或市（区）人民政府领导和省考委的指导下进行工作。地市考委的职责是：（一）负责本地区高等教育自学考试的组织工作；（二）指导本地区的社会助学活动；（三）负责组织本地区高等教育自学考试毕业人员的思想品德鉴定工作。地市考委的日常工作由当地教育行政部门负责。"《国家教育考试违规处理办法》第四条："国务院教育行政部门及地方各级人民政府教育行政部门负责全国或者本地区国家教育考试组织工作的管理与监督。承办国家教育考试的各级教育考试机构负责有关考试的具体实施，依据本办法，负责对考试违规行为的认定与处理。"

法律法规授权组织缺乏从这些法律法规上赋予了四级教育考试机构是授权执法的考试组织。这些考试组织附属在同级教育行政部门，考试机构的领导都有一定的行政级别，具有行政管理职能，缺少专业服务意识和服务水平。"管理意识强而服务意识弱，主观意识强而法律意识弱，行政意识强而市场意识弱，这不利于教育考试机构独立法律责任的承担和为社会服务宗旨的实现。"

教育部考试中心作为受教育部委托进行考试运作的司级事业单位，主任享受司级待遇，各处室领导享受处级、科级干部待遇，组织运行更多的是科层制行政管理，缺乏专业职能制运营与市场服务意识。虽然现任主任戴家干教授提倡职能转变为社会提供优质的考试服务，"只有确立了考试作为人才测评手段的服务定位，实现教育考试机构的社会服务功能，人才评价、测评服务才能够真正配合国家对招生考试等方面行政管理体制的改革"。但是由于行政体制所限，要转变职能仅靠提倡难以达到，这需要从体制上加以改变，从行政体制转化为专业职能服务体制才能更好地实现职能定位。

（一）政府体制对教育考试制度的影响

当人们在非议高考制度的时候，总是拿美国的高等教育入学考试制度作比较，我国为什么不能像美国那样，国家教育考试依赖于考试服务中介机构呢？这主要是国家教育考试制度的内外部环境因素不同所致。从外部环境看，国体不同、教育法制的制度与精神不同、教育行政管理形式不同；从教育系统内部看，教育大纲、课程设置以及教科书统一程度不一样，学校产权属性不同等等，所以导致教育考试制度和服务组织不同。

表 1　中美教育考试制度环境比较

环境类型	项目	中国	美国
外部	政治制度	集权与分权结合	联邦制
	法制精神	一府两院	三权分立
	教育行政管理	四级教育行政	州、学区拨款资助
	教育法律	规定教育考试	不规定教育考试
	人口	13 亿多	305 549 038
	2008 年高等教育适龄人口	1.24 亿	15 898 328
	中高级岗位	少	多
内部	教育大纲	全国统一与省统一相结合	多样化
	教科书使用	相对统一	多样化
	学校属性	国立占绝对优势	私立与国立共治
	教育机会市场	主要是买方市场	主要是卖方市场
	公立学杂费	从无到有	比例较大
考试组织		行政性考试机构	中介服务性机构
管理模式		国家与地方管理	独立经营与管理

从国家教育考试制度的外部制度环境看，政治制度、法治精神和教育行政管理、人口与中高级工作岗位都直接影响着教育考试制度。一个国家的政治制度直接决定了这个国家的法制精神和教育行政管理。政治制度影响着政府的决策权力和政府的管理目标，我国的政府行政权力集中在执政党领导的“一府两院”一元化管理上，行政机构是一个线性金字塔结构，中央政府和地方政府的权力分布和西方国家的联邦制不同，是一个中央集权与地方分权相结合的一元化政党领导的国家，各级政府的权力在人民代表大会；我国的教育立法由人大立法，教育行政部门负责执行，中央政府具有绝对的权威，在行政执行的力度和速度上都具有不同于三权分离的效率优势，但是也存在着“自掌舵自划船”的局限，在监督和执行上由于没有分离制衡，职责难分。教育行政部门由于忙于服务，有时就降低标准甚至放弃了教育引导航向，会出现为了评估而评估，为了考试而教育的现象，在法律执行上容易出现执法不到位或者执法越位现象。

相比较而言，美国的教育法制精神集中概括为四种：主权在民的民主精神，权力制衡的宪政精神，律以致用的实用精神，法律至上的平等精神。从教育法制的主体来看，“主权在民”和“权力制衡”主要表明权力应该掌握在谁的手中，而“律以致用”和“法律至上”主要阐明了教育法治的核心和理念；从教育法治的客体来看，“主权在民”和“权力制衡”主要表明应该由谁来制定教育法律，而“律以致用”和“法律至上”主要表明应该制定什么样的教育法律以及教育法律怎样来执行。但是由于“律以致用”的实用精神使美国的教育法律都是在解决具体问题而不是法律的理论系统性构建。这就导致美国的教育法律几乎是拨款法案，它总是通过授权联邦或地方政府为教育发展提供一定的经费或物质来促使教育改革与发展得以顺利进行。美国国会从 1785 ~ 1995 年的 210 年间仅联邦颁布的教育及其相关的主要法律就达到 87 件，没有一件是针对国家教育考试的法律。就具体的教育法律而言也没有涉及教育考试制度，例如，《1965 年美国高等教育法》文本内容结构，总计 8 编 41 章都是涉及联邦给“教师、学生、一般高校、特殊高校”等提供了什么资助项目、资助的标准和怎样获得资助。由于美国教育发展权在州政府不在联邦政府，所以除了教育拨款法案之外，全国性的教育行政管理制度是不存在的。我国虽然到现在也没有一部完整的《国家教育考试法》，但是有散见于各种教育法律法规之中的国家教育考试制度的规定。如《中华人民共和国教育法》第二章第二十条：“国家实行国家教育考试制度”中华人民共和国教育部令第十八号《国家教育考试违规处理办法》等。

从教育行政管理看，我国教育行政分四级管理，四级教育行政机构都设有专门的教育考试机构。美国的联邦教育部也和我国的教育部功能大不相同，它只能在立法授权和宪法限制的范围内就全国性的教育问题提供引导，也可以通过经费的补助、教育信息的传播来发挥自己的功能。其教育部门的划分不是以教育阶段为主，而是以任务作为区隔的基础。美国联邦教育部机构设置 17 司、7 处、1 组 1 所中，均无我国教育部考试中心那样的教育考试管理机构，进行教育考试服务的是私营的美国教育考试服务中心——世界上最大的私立民间考试机构（简称 ETS），1947 年成立于普林斯顿大学。在此之前，大学入学考试委员会计已经于 1926 年创立了两种大学入学考试，即学术性向测验和学习成就测验。从 1941 年开始，SAT 便成为美国中学生考取大学的一个标准测验考试。1937 年，普林斯顿大学还创立了研究生入学考试，简称 GRE。在 ETS 成立之前美国的各种考试机构之间不协调，考试成绩不被广泛承认。ETS成立之后，SAT和GRE等就统统归于ETS策划和管理了。所以，从服务管理上看，ETS类似中国教育部考试中心，但是ETS没有行政级别，领导也不是公务员，除了专业服务权力没有行政权力；然而ETS的确建立起了自己的考试服务帝国，为美国以及去美国留学的外国学生提供教育考试服务。

美国虽然没有统一的国家考试机构但并不是没有国家教育考试制度。1969年，美国教育部国家教育统计中心就设置了专门机构（NAEP），以评价4、8、12年级学生在阅读、数学、科学、写作等领域的学业成就和学习能力，据此客观地分析与描述美国学生的学习状况；2001年布什政府提出提高教育质量的核心目标“不让任何一个孩子掉队”，通过联邦立法来实施基于结果的问责，将决策的去集权化与基于结果的问责报告结合起来。加强基于课程标准的教育质量监测就是其中一个重要举措，联邦和州扮演了教育质量“监护人”的角色。各州教育部门都不是自己单独制作考卷，而是通过公开招标，签订合同把考试的具体工作外包给专业考试机构。专业考试机构根据各州的要求量身定做，并在具体实施的时候提供专业服务。可见美国至少在水平性教育考试中存在国家教育考试制度和私营考试服务机构提供教育考试服务的特点。

从人口和高等教育适龄人口来看。中国人口13亿多，高等教育适龄人口据2008年预测为1.24亿。高等教育供给不足。2001年中国高等教育毛入学率仅为13.3%，美国1996年已经超过了80%，2001年中国每十万人高校在校生人数仅为594人，仅为1996年韩国、加拿大的十分之一、美国的九分之一、日本的五分之一。到2008年虽然高等教育学生人数居世界第一，但是中国高等教育毛入学率也只有23%。因此，由教育考试制度决定的选拔性考试对中国人的重要性远远超过美国和其他发达国家。

从中高级工作岗位比较来看，中国中高级工作岗位少，竞争压力大，与之相应的高等教育竞争压力也大，中高级工作岗位多，尤其是教育学历限制少，推及到教育机会市场的竞争压力相对就会减少。英美学生高中毕业就可以找到比较好的工作，究其原因是与人口、劳动力市场岗位有密切关联的。

教育内部资源配置。就教育系统内部环境因素而言，可以从教学大纲的统一性、课程情况和学校属性来考察。我国有比较统一的教学大纲和课程设置，教材使用也相对统一，无论是基础教育还是高等教育，公立学校占绝对优势。基础教育学校全国有基本统一的教学大纲和教学要求，而公立高等学校在专业设置上却不尽然。教育部1999年颁布的《高等学校本科专业设置规定》旨在推进高等学校依法自主办学进程，但是设置专业规定：“高等学校依据高等学校本科专业目录，在核定的专业设置数和学科门类内自主设置、调整专业。设置、调整核定的学科门类范围外的专业，由学校主管部门审批，报教育部备案。高等学校设置、调整专业目录外的专业，由学校主管部门按规定程序组织专家论证并审核，报教育部批准。”因此，在课程设计、大纲的制订上公立高等学校就缺少私立高校的自由度和灵活性。所有这些都有利于国家设立统一的教育考试制度。相比之下，美国在教育大纲、课程设置和教材使用上的多样化，私立学校与公立学校共治等都有利于选择多样化考试服务，难以实行统一的考试制度。同时高校的教育机会市场供给充足，社区学院实行开发式招生制度，美国的高等教育机会市场教育供给相对充裕。“美国学生所需的只是高中毕业证书，然后便可以直接进入劳动力市场或进入一般的大学，只有小部分学生，不到20%希望进入选择性的大学。”“绝大多数美国学生没有动力在学校里多学点东西，他们只要在学校里露露面，学习上勉强过得去就行。”“美国的高等教育是全国上下最不负责的社会公共机构之一。部分是由于这个原因，即大学的录取标准存在很大的缺陷。因此，雷·马歇尔、马克·塔克在《教育与国家财富：思考生存》提出要建立一套由标准驱动的体系，呼吁建立一个全国考试制度“由国家教育标准委员会制定标准，建立符合这种制度的考试准则。”

中国的高等专科学校与高等职业院校仍然实行选拔性考试招生制度，在教育机会市场中教育供给紧缺，所以竞争性强考试压力大。

从高校教育成本而言，学费在高校中的比例也不一样，虽然中美大学生都缴纳学费，但是学费在教育成本中的比例是不一样的。1986年，美国纽约大学校长约翰斯通在《高等教育的成本分担：英国、联邦德国、法国、瑞典和美国的学生财政资助》一书中提出了高等教育成本分担理论，即应由政府、学生家长和社会人士共同分担高等教育的成本，高等教育价值多元化是其思想基础，收益者付费是其分担原则。中美学生承担费用存在较大差距。公立大学从 20 世纪 70 年代占总成本 25% 提升到 80 年代的 33%，在美国公立大学非本州学生往往要比本州学生高二到三倍。甚至高出实际生均成本，私立大学收费更高。自新中国成立以来到 1994 年以前高校几乎不收学杂费，高等教育资源对于考上大学的学生免费提供，1997 年才完成招生“并轨”改革，国家教委、国家纪委、财政部教财［1996］101 号文件，附件四《高等学校收费管理暂行办法》第五条：“学费占年生均教育培养成本的比例和标准由国家教委、国家纪委、财政部共同做出原则规定。在现阶段高等学校学费占年生均教育培养成本的比例最高不得超过25%。”虽然高校收费了，而且近年来公立高校稳定在每年5 000元左右收费额，占当年人均 GDP 的比例较高；但是在城乡二元化管理，城市弱势群体及农村学生能够通过高考改革人生的命运的导向之下，加上中国“学而优则仕”的传统，高校扩招造成劳动力信号稀释导致过渡教育，这给了高考升学和研究生教育以巨大的压力和动力，从而导致选拔性考试需求旺盛而供给不足。

具体到考试的管理模式和组织机构更与教育行政管理有关。考试的管理模式由于各国教育行政管理体制不同而不同。从考试是受中央或地方或其他机构控制，以及这些机构是隶属政府或非政府等方面可分为三种模式：国家统一管理型，中央、地方分工管理型和专业考试机构独立管理型。不同社会制度和经济水平的国家有不同的考试组织机构，在同一历史发展阶段，同种性质的考试，也有着不同的考试组织机构模式。从现阶段不同国家的常设考试组织机构的隶属关系、行使职权的性质看，分为国家统属的考试机构，地方所属的考试机构和独立经营的考试机构。

表 2　不同国家考试组织及考试管理类型比较

考试组织机构	国家统属	地方统属	独立经营
代表国家	中、英、法、日、韩	中、法、德	美、英
考试管理模式	国家统一	两级政府分工	专业机构独立
代表国家	中、日、韩	中、英、法、德	美

（注：根据韩家勋、孙玲：《中等教育考试制度比较研究》人民教育出版社 1998 年版，第 285 ~ 293 页绘制）

我国的考试组织机构和考试管理模式都主要是国家统属，中央与地方分工管理为主的形式。无论是教育考试的管理权还是教育考试的服务权都集中在政府手中，还没有独立经营的专业机构对考试进行管理或者提供服务。有高校自主招生资格的学校也是教育部授权的少量选拔性教育考试，不存在市场选择的问题。要改革考试管理与考试服务制度，就要实行组织制度创新，我国的教育考试制度创新离不开社会经济发展的制度环境，从计划经济到市场经济转型是我国的总体特点，教育考试制度的创新也要适应市场经济改革的需要。就四级政府管理而言，只能假定在现有的制度环境中去调整教育考试制度，而不能要求社会政治经济制度的改革来适应教育考试制度的改革与创新。不同层级的政府教育行政部门对教育考试制度的创新应该各负其责。美国学者戴维·奥斯本和特德·盖布勒的《重塑政府》总结了政府吸收企业家精神改革政府的实践，提出了十条改革思路，即从划桨到掌舵、从服务到授权、从垄断到竞争、从规章到使命、从投入到效果、从官僚到顾客、从浪费到收益、从治疗到预防、从集权到分权和从政府到市场。其中一些原则可以为我国教育考试制度改革与创新提供有效的借鉴与启迪。

1．考试中心：从划桨到掌舵

一级政府教育考试管理，这里指中央政府教育行政的教育部，以及考试组织管理的教育部考试中心。要加强教育考试立法和考试的宏观管理，要有专业的立法咨询委员会提供教育考试立法草案，为人大立法提供教育法律蓝本，从协助立法入手是一级考试中心所要承担的主要责任，具体要从以下几个方面处理好考试科学研究与立法关系。

第一，要进行考试立法研究以形成考试主体与客体规范制度，研究考试法律中存在的问题、考试法律缺位的问题，主要通过法律调研、提案征集，民意调查，协助促成考试立法。教育部考试中心的教育立法研究是规划型的而不是科研院校研究者偏好型的，要协助教育部法制司规划教育考试立法。我国教育考试法的调研、立项研究工作已经启动。以赵亮宏、梁育民等为顾问，由李化德、李素茹主编的《教育考试立法问题研究》是在教育部考试中心、政策法规司和全国教育科学规划领导小组办公室的具体指导和大力支持下完成的一部力作，是全国教育科学“十五”规划重点科研课题。该书从国家教育考试立法的必要性和重要性阐述了“教育考试立法的基本原则”、“教育考试沿革与中外教育考试制度比较”、“国家教育考试制度与国家教育考试机构”、“考试的组织与实施”、“国家教育考试的法律责任”等问题，附录了“中华人民共和国国家教育考试法（建议稿）”，为国家考试立法作出了有益探索，为国家考试立法提供了可资借鉴的蓝本。依据国务院领导的指示，受国务院法制办委托，由教育部法制办会同有关部门对国家考试法的立法工作正在稳步向前推进。草案的基本框架已经形成。

第二，促成考试法实施办法制定。“考试法出台以后，要在清理原有部门规章的基础上，依据考试法出台具体有利于其实施的新的部门规章，以确保考试法的顺利实施，确保国家考试的正常进行，保护在考试活动中的公民的各种正当权利。”目前对于考试立法有两种建议，一种是制定《国家教育考试法》，这是教育部考试中心的“十五”科研课题；另一种是制定一部包括公务员考试和职业资格考试在内的《考试法》，受国务院法制办委托的教育部法制办正在制定的就是这样一部法律。无论是教育机会考试、水平性考试，还是公务员考试和职业资格考试都是在终身教育体系中的考试，我们建议制定一部包括从摇篮到坟墓人生全过程所设考试的《终身教育考试法》。因为未来的教育不仅仅只是学校教育，教育行政管理体系也在从学校教育管理体系向国家终身教育管理体系演变。要构建一个学习型国家，实施终身教育是必然选择，制定一部《终身教育考试法》是在《终身教育法》框架下对一个国家全体公民在终身教育行为中考试测量行为规范。从人力资源管理的视角分析，公务员考试制度和司法考试制度都可以纳入职业资格考试制度，这种考试只是进入公务员和司法系列的职业资格考试。是否进入公务员职业还需要与各行政组织具体的职位说明书相配套的选拔制度，而随着终身教育的延展，职业资格考试也进入了终身教育考试制度系列。

第三，要进行考试标准研究以形成科学教育考试制度体系，提高教育效率。考试的标准从教育的角度就是成绩标准，这种成绩标准决定了努力水平。无论是由外部的还是内部设定，无论是通过形成性评估还是总结性评估，如何确立这些标准以及这些标准设定在何种水平，都会影响教育系统的效率。强行制定并推行外部的、跨部门的标准，标准的这种评估效应会更显著。这一标准可能传递更多可靠的信号信息并减弱产生班级内零和效应的激励，班内零和效应竞争是向下的。国际证据可能支持这种普遍论点：将39个国家的数学和科学测验得分的中值作为一个独立的变量进行回归（控制住人均GDP值），毕晓普发现拥有以课程为基础的、由学校外部实施的毕业考试的国家，实质上取得了较高的成绩水平。考试明确了教育项目的目标，促进提高内部效率。毕晓普提供的证据表明，在学校这一层次上加拿大的这种外部考试改进了学校的内部效率，这些证据具体表现为学校管理者和教师的行为。

国家以及国家授权制定的教育考试标准是教育考试制度的一个组成部分。国家教育考试要研究两类标准：一是水平性考试标准；二是选拔性考试标准。在这两类标准的基础上建立不同层次不同学科考试标准，我国学校课程属于哪一级就应该在哪一级建立相应的考试标准，考试标准制定的依据主要是课程标准，现实的教育状况是存在理论性课程标准和各地教育实际课程水平。由于我国各地区教育水平存在差异，水平性教育考试标准应该根据实际水平制定考试标准。所以在水平性教育考试标准制定中，各地应该根据课程标准与当地实际教育水平平均程度制定各地教育考试标准。在全国或省级建立相对稳定的教育考试标准，以保证教育水平的相对稳定性。

我国教育考试水平性教育标准，包括中等教育的中学学科会考标准，高等教育的自学考试标准、外语水平考试标准、计算机等级考试标准。未来的教育考试标准制定重点在终身教育体系中的各项技能标准和各种职业技术教育标准，这是应该努力拓展的空间。

对于高校课程是否要实行国家考试制度的问题，教育部曾经有这方面的实践。1956年，高等教育部颁布《中华人民共和国高等学校国家考试条例草案》，有部分学校试行，考试成本太大，高等教育部1957年就颁发了《关于暂停在高校试行国家考试的通知》，予以取消该草案。除了考试成本太大之外，教育质量不同与高等教育创新的内在要求也不允许对高校课程实行大面积国家考试制度。其一，高校教育水平不同不允许在高校内实行国家教育考试。高等教育课程教材执行各高校自主选择与编订的原则，而高校的层次不同，教师的水平和学生质量不同，不同的教师在上同一课程时对学术的解读也不同，以致开设相同的课程而要求学生掌握的标准也不同；因此高校课程不能视为国家标准课程，所以不需要、也难以形成统一的考试标准。其二，高等教育创新也不允许在高校内实行国家教育考试。高等教育的学科性质决定了教师在进行教学时应该引导学生进行学术创新，如果囿于考试标准，就不利于学生学习创新和教师的教学创新。在高校教学创新行为具有不确定性的情况下，过多的考试制度会是这种创新行为的绊脚石。

选拔性教育考试标准是由常模参照考试的选拔名次性特点所决定的。选拔性考试和水平性（合格性）考试的区别主要有：(1) 考试的目的不同。选拔性考试是为了在考生群体中选拔人才，水平性考试是为了检查考生学习程度是否达到既定的教学目标。(2) 通过率的限额不同。水平性考试，如果考生都达到预定的检测标准，就可以全部通过，没有名额限制；选拔性考试为了在考生群体中选拔一定数量的人才，往往有名额限制。(3) 考卷要求的侧重点不同。水平性考试强调内容效度、考试难度要求应与教学内容和要求相适应，不太注重区分度。而选拔性考试试题的平均难度应与选拔率大体相当。(4) 分数的离散程序不同。由于选拔性考试的目的是鉴别和选拔考生，为便于考生间横向比较，希望分数的离散程度大一些；而水平性考试强调的是学生是否达到学习目标要求，并不强调学生间的横向比较和分数的离散程度。所以在制定选拔性教育考试标准时要充分体现这些特点，在高考、研究生入学公共学科考试中应该制定选拔性教育考试标准。中考以区县为单位制定选拔考试标准。高考以省为单位可以按照每年高中毕业生人数和高校招生人数的比率预计百分率调整选拔性考试标准。研究生考试可以制定全国公共课统考标准和地缘相近地方的联考标准。

第四，转移选拔标准制定权力，实施考试制度与招生制度分离。选拔标准和选拔性考试标准不同，选拔标准的内涵大于选拔性教育考试标准，教育考试标准只能测量教育方面的知识能力，选拔标准可以是非教育标准，比如年龄标准、身高标准、职业性标准、身体素质标准、面相标准等。由于高等教育职业化倾向凸显，对于职业要求强而通过教育考试标准不能同时甄选的应该属于选拔标准研究的对象。例如对国防生的标准、对航空学院招生的选拔标准，这也是哈佛为什么对于高考状元不是完全感兴趣的原因之一。选拔权力归于国家时，需要制定不同层级学校的选拔标准；选拔权力授予学校自主时，可以在国家教育政策框架下由学校自主制定选拔标准，逐步实施考试制度与招生制度的分离。

2. 省教育考试院：从授权到服务

省级教育考试院是统一招生考试的服务机构，也是执行国家教育考试的二级授权机构。其服务对象是双重的，一是教育行政组织，即教育厅和相应的学校，这是主要服务对象；二是考生，主要是提供统一的管理以及信息服务与产品。周鸿雁、姜文研究了湖北教育考试院认为，教育考试机构作为一种社会服务机构，有其业务要求、道德要求和政治要求。业务要求是其基本职责，就是要为消费者提供方便、快捷、周到的优质服务，满足他们的需要，使他们感到满意。道德要求就是教育考试机构提供的服务还应该是无偏见、无歧视的普遍服务，这种服务应该是平等开放的。政治要求就是无论提供方便、快捷、周到的优质服务，还是提供开放、平等的普遍服务，都必须对社会负责。并把教育考试机构提供的与教育考试相关的社会服务内容概括为九大类。以下几项主要是省教育考试院的服务内容：

(1) 组考服务。主要是为考试成绩用户提供组织各类考试服务。这种服务可能是一个考试项目从命题到成绩公布的实施全过程服务，也可能是其中的一项或几项服务。

(2) 产品服务。主要是为考生、顾客提供与考试相关的产品或项目，如考试用品、辅导教材和参考资料、考试软件、培训光盘等。

(3) 委托服务。主要是接受单位委托的组织考试方面的服务。

(4) 开发服务。主要是接受客户的委托、开发与考试、评价、考核等相关的服务项目。

(5) 信息服务。主要是为考生及相关人士、各类成绩使用者，提供评价结果、咨询、查询、核实、确认等。

教育部“阳光高考”主要在省级教育考试院信息服务中体现出来。因为现在所谓的统一高考都是在省（直辖市、自治区）这一层次统一的。省（直辖市、自治区）教育考试院的信息服务尤为重要。这是由于它的权威性、操作性和经济性决定的。权威性体现在多数教育考试制度都是在省级得到统一的，只有中学升学考试是省级以下的教育考试。高考会考与招生考试制度，高等教育自学考试制度，各省计算机等级考试制度以及各种教育考试收费价格标准等都在省、自治区、直辖市得以统一。操作性体现在我国教育制度的统一性从过去全国高度统一已经演变为各省统一而省际之间的相互差异。比如教材的多元性，教师水平的差异性和教学设备条件的差异性等等。经济性体现在面向全省的教育信息服务和考试科学研究有一定的针对性和规模效益，目前，我国以省为单位的高校都有一所省级师范大学和几所地方性师范学院和省市教科所等科研机构。围绕考试，特别是选拔性教育考试研究，这些组织机构有一定的规模和强烈的需求动力驱动。在教育考试网站建设和技术服务方面有省政府教育财政经费支持和考试经费等资金保障。

3. 市县招办：从官员到顾客

市区县招生办公室是面对考生的基层考试组织，服务对象是上级教育行政组织和对应的学校与广大考生。主要服务任务是为考生提供考试服务和助学服务。（1）参考服务。主要是为各类现实的和潜在的考生提供参加考试的系列服务，如报名、询问、组考、发放成绩等。（2）助学服务。主要是为各类考生参加考试提供培训、辅导、答疑等。（3）维权服务。主要是维护考生和客户合法的正当权益，如考生的考试权利受到侵犯或委托单位的知识产权受到侵犯时为考生或客户提供仲裁等方面的服务。（4）个性服务。主要是满足某些个人测验自己某方面的素质或技能需要提供的个别的服务。例如，职业性向测试、学业性向测试、心理测试等市场服务。这些测试可以引导考生进行职业生涯规划和学业选择。

顾客驱动是让顾客具有选择权和评价手段以驱动政府部门在符合社会需求的方式和服务质量的标准下行事和正常运转。企业是以盈利为目的，但是受顾客驱使的机制，驱使它不断提高服务水平。但在大多数公共组织中甚至不清楚谁是它们的顾客、服务对象，且服务质量低劣。市区县招生办公室是面对考生的基层考试组织，服务对象主要是广大考生。所谓顾客驱动实际就是考生及其家长的驱动，要为考生及其家长提供优质的服务，主要体现在考试收费信息的阳光性、助学的竞争性和服务的便利性等方面。如果考试信息不透明，容易出现考试服务主体和客体信息不对称，导致招生考试的不公平。例如考试收费的搭便车现象，招生的暗箱操作现象，考生需求得不到满足等问题。我们对2007年和2008年入学的部分高校学生关于高考报名费调查中发现，由于各地省教育考试院和区县招生办公室考试收费信息不透明，在同一省不同县市甚至同一个县不同中学的高考考试报名收费存在比较大的差异。

如果2007年河北全省应届生412 882人按照超额收费低标准25元计算，会有上千万元不合理的收费，如果有一半的应届考生出现乱收费现象也有五百万元，即使只有十分之一也有上百万元，这是一个不小的数字。这还没有计算复读生中出现的乱收费现象。为什么会出现乱收费现象？究其原因就是基层考试服务组织收费信息不透明，导致中学出现收费搭便车现象。治理这种搭车收费的现象可以通过完善考试管理制度来完成，例如建立招考收费公示制度，或者考生个人网上报名交费制度以及举报监督制度。公示制度对于所有的人都有监督作用，只有公示制度才能使考试机构和考生的信息对称，而考生网上缴费制度只能是建立在统一收费是公正透明条件下的管理，如果网上收费不透明，信息不对称，也可能出现比学校更高一个层次的统一搭便车现象。

表3 河北省Z市部分中学2007～2008年高考考试收费调查①

	2007	2008	每生多收费
市标准	100	100	
A	125	125	25
B	100	100	0
C	125	150	25～50
D	175	150	50～75
2007年河北省考生数②	561 821	应届考生	412 882人
		社会考生	148 939人

① 笔者在一民办高校做教务工作，该表系对该校来自河北省Z市的150名学生调查信息编制。

② 河北省普通高校招生报名情况统计表（1977～2007）[A]. 河北省教育考试院：《河北高考30年》，社会科学出版社2007年版，第378页。

（二）考试信息服务公正性分析

考试服务的公正性表现在信息发布的公开透明、考试制度执行的公正和招生录取的公平上。2006年，教育部要求各地、各高校建立和完善以“六公开”，即招生政策公开、高校招生资格及有关考生资格公开、招生计划公开、录取信息公开、考生咨询及申诉渠道公开和重大违规事件及处理结果公开为主要内容的高考信息公开制度。在报名、考试、录取三个主要工作阶段，全面、准确、及时发布相关招生信息。根据教育考试制度公正性精神，现就各省市教育考试院网站信息服务进行“阳光指数”标准设计与比较。

阳光考试是老百姓对教育机会市场入学公平、公正的诉求，也是教育考试管理组织对国人普遍关心的教育考试制度的交代。尤其是对高考这一与封建时代科举考试制度相比肩的“抡材大典”制度公平、公正管理过程更受到广大考生与家长的普遍关注。阳光考试不仅体现着国家教育考试制度的公平、公正，更渗透着公民对政府执法的期待与政府的公信力。教育考试管理组织主要是从教育部考试中心到县市招生办公室的四级组织，这四级组织在考试与招生组织过程中的信息透明性是阳光考试的主要指标。而信息的透明主要是通过相关媒体向社会发布的，常用的媒体是电视台、报纸和网站。电视台信息发布具有及时性和即逝性，不能作为保存的资讯。报纸可以作为保存资讯，但是不具有固定性；而且不是所有关心考试的人都能购到同样的报纸或者不同省份的教育考试信息报纸。而网站就不同，在相对固定的时间里分享的信息是共同的，成本也低廉，只需要一点电信上网费用，而且不同省市教育考试院网站考试信息还可以比较。现就全国已经公布的26个教育考试院官方网站关于阳光考试的内容进行比较，从设计依据、指标设计项目到评价比较三方面分析省级教育考试管理组织对阳光考试信息披露的“阳光指数”。

1. 设计理论依据

2006年教育部要求各地、各高校建立和完善以“六公开”为主要内容的高考信息公开制度是阳光指数设计依据。对照六公开标准，对考试网站连接的26个省市教育考试院网站相关信息做如下对比分析。设计反映教育考试院对六公开执行情况的所谓“阳光指数”；内容涵盖国家教育考试不同类型，不仅限于高考，但是以高考为主。例如，“招生政策公开、高校招生资格及有关考生资格公开、招生计划公开、录取信息公开”主要体现在招生政策法规等栏目中。因此，就招生政策公开方面设计政策法规的考核指标为六个等次，即第一是政策全面而且有分类的为最公开的；第二是政策有分类但是不全面的；第三是有政策但是没有分类；第四是有少量招生政策法规；第五是有少量教育政策；第六是无招生政策法规。

2. 具体评价标准

一级指标按照收费公示情况、有无商业广告、政策法规公告、有无查询系统和信息互动分为五类；二级指标按照六分法进行从高到低逐次量化。

其一，收费公示（占20分），此项标准体现教育收费政策的公开性如何，直接影响学校搭车收费现象，也是社会近年比较关注的问题。尽管各级教育考试主管部门有逐级下发的收费文件，但是考生和家长不知道文件内容，因此在网站等公开媒体是否公示是社会关心此项问题的关键。完整有依据20分；完整无依据16分；不完整有依据12分；不完整无依据8分；无标准有依据4分；无标准无依据0分。

其二，有无商业广告（占10分），此项标准体现网站利用公共资源谋利对教育考试宣传法规与政策公益性的侵蚀。广告越多，政策宣传越少，反之亦然。0% 即没有首页广告的10分；大约有5% 版面广告的8分；大约有10% 版面广告的6分；大约有20% 版面广告的4分；大约有30% 版面广告的2分；大约有50% 版面广告的0分。

其三，政策法规（占40分），主要涉及到阳光考试的“四公开”，即“招生政策公开、高校招生资格及有关考生资格公开、招生计划公开、录取信息公开”招生考试政策法规，此项指标可以进一步分解。但是各网站在分类时没有区别，不能做比较只能以最好的网站为标准，从全与不全、分类不分类、数量多少进行量化。（1）全而且分类40分；（2）有而且分类32分；（3）有不分类24分；（4）少量法规16分；（5）少量政策8分；（6）无政策0分。

其四，查询系统（占10分），衡量网站对资料的快捷检索能力和信息的透明性。（1）有分类查询10分；（2）有无分类8分；（3）除查成绩之外有部分查询6分；（4）只查成绩4分；（5）只有会员查询2分；（6）无查询系统0分。

其五，信息互动（占20分），主要衡量“考生咨询及申诉渠道公开和重大违规事件及处理结果公开”两方面信息公开程度。（1）全方位互动20分；（2）部分网络互动16分；（3）网络单向12分；（4）仅有投诉信箱8分；（5）有无电话联系4分；（6）无信息互动0分。

表4　26省（直辖市、自治区）教育考试院网站阳光指数

序号	院　名	收费公示	有无广告	政策法规	查询系统	信息互动	总计
1	上海市教育考试院	20	10	40	10	20	100
2	江西教育网	0	10	40	8	20	78
3	海南省考试局	0	10	40	10	16	76
4	贵州省招生考试中心	0	10	40	8	16	74
5	浙江教育考试院	0	8	32	8	20	68
6	青海招考信息网	0	8	32	8	20	68
7	陕西招生考试信息网	0	8	32	8	16	64
8	北京教育考试院	0	8	24	10	20	62
9	辽宁招生考试之窗	0	6	32	8	16	62
10	吉林教育信息网	8	8	32	10	4	62
11	广西招生考试院	0	0	32	8	20	60
12	安徽招生考试网	0	8	24	10	16	58
13	山东省教育招生考试院	0	2	32	8	16	58
14	河北省教育考试院	0	6	32	10	8	56
15	山西省招生考试网	0	2	32	6	16	56
16	河南招生办公室	0	10	32	8	4	54
17	宁夏教育考试院	0	10	32	8	4	54
18	湖北省教育考试院	0	10	32	8	4	54
19	内蒙古招生考试信息网	8	0	32	8	4	52
20	新疆教育信息网	0	4	24	8	16	52
21	四川省招生考试信息网	0	4	24	8	16	52
22	广东省招生委员会	0	10	32	8	0	50
23	天津招考资讯网	0	8	32	4	4	48
24	重庆招考信息网	0	2	32	2	12	48
25	黑龙江招生考试信息港	0	4	32	8	4	48
26	湖南招生考试信息港	0	2	32	8	4	46

（资料来源：www. hao123. com/kszy. htm（26省市教育考试院网站）。统计时间到2008年11月28日12点。有些网站有些指标只有图标不能使用，按照指标缺失统计，只统计该网站出现的26个教育考试院网站。）

3．制定考试院网站阳光指数的意义

对各教育考试院网站“阳光指数”设计目的有三方面意义：一是对广大考生及其家长起到信息引导作用。考生和家长通过比较发现对自身有利的信息可以及时使用，发现有悖教育公平与公正的信息可以举报，对教育考试不明白的问题可以及时沟通。二是对各教育考试院起到激励和改进作用；对于有利于管理的方法可以发扬光大，对于存在的问题可以及时纠正。三是有利于教育部教育考试中心和社会对教育考试阳光管理有基本评价依据。考试制度中的阳光信息披露制度不仅只是教育考试制度公平公正体现问题，而且也是社会和上级教育考试部门对教育考试制度的监督的过程与考试管理组织自身制度自律的过程，是教育公平在教育机会市场入学资格公平的体现，保障了教育起点的公平。因此，阳光指数的意义在于相关利益主体明确考试利益标准——对考生而言，可以衡量信息指导的透明程度；对考试管理机构而言，可以检讨考试管理工作的得失，杜绝信息过滤现象产生，招生考试中的一些腐败现象来源于信息过滤，即对考试组织不利的信息不予公布或者不明确公布。对社会而言可以更好地监督检查。

二、制度需求创新：考试制度需求多元化

教育考试制度需求从单一的行为制度需求到多元化制度需求。多元化制度分为行为制度的多元化、组织制度的多元化和管理制度的多元化。行为制度的多元化，从选拔性教育考试制度看，要满足义务教育后的学生对教育机会市场选择的需求；从水平性教育考试制度看，要满足全民的终身教育需求和劳动力市场分离均衡的需求。教育考试制度需求存在的两个维度，一个是教育机会市场，另一个是劳动力市场。教育机会市场已经从学校教育走向终身教育，劳动力市场已经从人力资本均衡分离和劳动信号发送的学历文凭证书到职业专业化认证标识的资格证书信号发展。因此，考试制度需求对于终身教育和资格教育的需求在不断增加。

（一）选拔性教育考试制度需求创新

在教育机会需要竞争的情况下，精英教育仍然是人们竞争的焦点。在公立教育资源具有公共产品属性时，竞争是不可避免的。只有提供足够的高质量教育资源，才能解决选拔性教育考试制度需求问题。招生考试制度体现公立教育资源分配的公正性尤为重要。选拔性考试要解决的是少花钱的“蛋糕”如何分配的问题。解决“蛋糕”少的问题有两种办法，一是不提价多生产“蛋糕”，二是把原来价廉物美的“蛋糕”局部提价，并尽可能提供更多的市场成本价格的“蛋糕”。选拔考试制度是决定由谁来吃有限的“蛋糕”的问题。由于各国的教育财政供给的有限性，精英教

育资源供给都会成为有限的“蛋糕”。在义务教育之后，一定区域里的能力原则是精英教育资源分配的公平体现。根据罗尔斯《正义论》对“作为公平的正义”的性质解释，“它示意正义原则是在一种公平的原初状态中被一致同意的。”他坚持认为：“处在原初状态中的人们将选择两个相当不同的原则：第一个原则要求平等地分配基本的权利和义务；第二个原则认为社会和经济的不平等，只要其结果能给每一个人，尤其是那些最少受惠的社会成员带来补偿利益，它们就是正义的。”《中华人民共和国义务教育法》规定，人人享有九年制义务教育的权利，按照罗尔斯第一公平原则，义务教育机会对每个公民都应该平均分配，小升初不能用选拔性考试分配教育机会，应该实行就近入学，电脑排位。当某一地方政府承诺义务教育提升到哪一个教育层次，哪个层次的教育机会都不应该实行选拔考试，政府努力要做的是提供均衡的义务教育资源供学生就近入学，而不是实际存在的有巨大差异的非均衡教育资源还要通过教育选拔考试制度来保障分层。

非义务教育阶段的教育机会，按照罗尔斯第二公平原则，教育考试制度的供给要给每一个人，尤其是最少受惠的人带来福利。所以要对所有的人提供水平教育考试制度，把自学考试制度延伸到职业教育体系和终身教育体系。建立涵盖 12 大学科 72 个 2 级学科的学历证书考试题库，以及各种非学历型职业技能证书考试题库。实行网上报名、智能化组卷，市场服务，只要有教育水平考试需求都能够得到满足。具体要满足终身教育的全员考试制度多元化需求和劳动市场职业资格制度需求，职业资格、职业技能等级、国际职业资格考试等。

（二）职业资格考试与职业教育考试融合

有关法律使职业资格证书制度作为国家就业制度的重要组成部分，同时融入职业教育考试制度体系。《中华人民共和国劳动法》和《中华人民共和国职业教育法》明确要求实行职业资格制度。党的十四届三中全会提出在全社会实行学历证书和职业资格证书并重的制度。2002 年，全国职业教育会议进一步强化职业资格证书制度和就业准入制度的重要性。2003 年，全国人才工作会议再次提出完善这一制度的要求。国务院《关于大力推进职业教育改革与发展的决定》第五条《严格实施就业准入制度，加强职业教育与劳动就业的联系》第十五、十六款作了如下决定：“15. 大力推行劳动预备制度，严格执行就业准入制度。用人单位招收、录用职工，属于国家规定实行就业准入控制的职业（工种），必须从取得相应学历证书或职业培训合格证书并获得相应职业资格证书的人员中录用；属于一般职业（工种），必须从取得相应的职业学校学历证书、职业培训合格证书的人员中优先录用。”“16. 完善学历证书、培训证书和职业资格证书制度。职业学校毕业生申请与所学专业相关的中级以下（含中级）职业技能鉴定时，只进行操作技能考核。部分教学质量高、社会声誉好的中等职业学校和高等职业学校开设的主体专业，经劳动保障和教育行政部门认定，其毕业生在获得学历证书的同时，可视同职业技能鉴定合格，取得相应的职业资格证书。经人事、教育行政和相关行业主管部门认定的职业学校相关专业的毕业生，不受工作年限的限制，可直接申请参加专业技术从业资格考试，并免试部分科目。各地劳动保障、人事或相关部门要统筹规划，注意发挥和利用职业学校的优势，优先在具备条件的职业学校设立职业技能鉴定站（所）或职业资格考试机构。”

该决定 15、16 款虽然决定的是就业准入制度和资格证书制度，实际上是职业资格考试制度向职业教育考试的制度演化。第十六款决定使原本由国家行政机构执行的职业资格考试服务权部分授给了“具备条件的”职业学校。

狭义的教育考试不包括职业资格证书考试，公务员考试由原国家人事部承担考试，而司法考试由司法部承担考试，其他职业资格考试由劳动部和其他部委组织考试。这种分散各部的职业资格考试不利于考试管理、考试制度的研制、考试理论与技术的科学研究与推广，以及试题的开发与试题库的建设。我国的高等院校曾经经历过各部委管理到教育部和省教育厅统一管理的改革。在学习型国家创建过程中国家建立终身教育体系，所有的考试制度应该成为终身教育体系的一部分。“对国家行业资格考试进行系统的心理测量学研究，这在我国教育测量发展史上还是第一次。”

三、制度供给创新：制度供给听证制度

（一）教育考试服务供给市场化论证

我国目前的教育考试机构是授权机构具有行政功能，国家教育考试制度供给和考试服务供给

都具有行政权力效力，体现了政府的执法权力。从中国和美国实行民间考试服务机构提供考试服务项目相比较，我国的教育考试具有强制性、统一性、公正性和经济性的优点。未来教育考试服务是否可以实行外包服务的形式取决于两个方面的因素：一是是否有合格的专业服务机构，二是是否有相关的自主招生制度来保障学校能够采用民间考试服务。

第一个因素又需要制度保障专业服务机构的营利性和专业性。营利性在于服务规模和价格问题，专业性在于提供服务的标准问题。当民营机构可以经营考试服务时，考试权利就由国家政府部门以及授权组织转向了市场化经营。而考试服务具有较强的教育公平价值属性，一旦进行市场化经营就会出现卖文凭或者注水文凭的现象发生。有两种情况可以证明教育考试市场化的不可行：一是成人教育的注水现象，另外是教育培训机构的职业资格证书辅导注水现象。

1986年国家教委，财政部联合颁发《关于印发1986年各类成人高等学校招生规定的通知》规定，从1986年起各类成人高等学校实行全国统一招生考试。“由国家教育委员会组织统一命题、统一考试时间、统一评分标准；各省、自治区、直辖市组织统一考试、统一评卷、制定最低控制分数线；各招生学校进行录取。”但是成人高考注水现象频频发生，现在更延伸到一些民办教育机构和一些地市招办进行经济交易委托成人招生考试，民办高等教育机构在校学生到指定考点参加成人高考，注册后只要缴纳一定的费用，在本学校通过开卷考试就可以拿到毕业文凭。

（二）考试制度供给听证制度

听证制度发端于资本主义国家的司法审判制度，本意为诉讼中应听取他方当事人意见。听证被应用于行政领域形成了行政听证制度。所谓行政听证制度，就是指行政机关在行使行政权之前，就有关事实问题和法律问题听取利害关系人意见的程序性法律制度。行政听证可以被分为行政立法听证和行政执法听证。作为教育领域的听证制度既包含教育立法性质的听证，如制定教育相关法律、法规及普通规章制度、收费政策等，又包含执法性质的听证，如处罚、撤销、处分等。行政立法听证是行政机关在决策前，先要将其所要制定的决策方案或其主要内容予以通告公布，供公众了解和评论，公众可以通过书面或口头方式提供意见，也可以通过非正式的磋商等方式表达自己的意见。行政机关可以当面进行解释和答复，或考虑上述意见后再作决策。行政执法听证具有明显的司法化倾向，要求行政机关在正式公布有关利害人的决定之前，接受当事人口头提供的证据，允许双方当事人就听证的某一方面的问题进行互相辩论，为当事人提供申辩的权利和机会。国家教育考试制度供给的听证制度是属于行政立法制度。听证内容具体表现在教育考试制度改革听证与考试收费听证上。

我国教育考试收费引入听证制度的法理依据。1998年公布的《价格法》首次将听证制度引入我国价格决策过程，其第二十三条规定：“制定关系群众切身利益的公用事业价格、公益性服务价格、自然垄断经营的商品价格等政府指导定价、政府定价时，应举行由政府价格主管部门主持的听证会，征求消费者、经营者和有关方面的意见，论证其必要性、可行性。”从教育考试的功能上来看，是为社会和国家的发展输送和选拔人才；就教育考试服务的性质来看，教育考试提供非义务教育机会和劳动力市场人力资本与信号，属于非义务教育制度的一部分，是一种介于公共产品和私人产品之间，兼顾公平与效率的准公共产品，是一种公益性事业。作为价格管理部门应该促进、要求和监督教育考试收费政策的调整，建立考试收费决策听证制度或者在教育收费听证中包含考试收费听证制度。直到现在，我国教育收费以及教育考试收费主要通过教育部门以及教育考试机构制定收费方案，确定收费项目、内容、标准及形式，由价格主管部门进行审批，然后付诸实施。有人将这种方式称作“单方行动”，即从收费方案的出台到最终各项费用的收取都是由教育机构独自操作完成。这与《中华人民共和国价格法》的有关规定相违背。近年来，人们对教育考试收费产生质疑，原因就是教育考试收费从标准的制定到收取自始至终都缺少一种有效的监督，尤其是在收费源头上缺少了作为缴费主体学生家长的参与。以听证会为载体，建立以参与、回应、互动为核心的教育考试收费决策模式，逐步形成公众参与、双向互动的利益表达与决定机制，使收费过程透明，收费行为规范，收费标准合理，可以有效地避免高收费、乱收费的发生。同时，通过报刊、广播、电视、网络等媒体将价格听证会的整个过程向社会公开，让老百姓看到公正、公平的听证会，消除疑虑，有利于增强考生家长对政府价格决策的理解和信任，密切政府与群众的关系，真正使价格听证制度成为民主教育过程和收费信息公示的过程，也可避免出现考试收费的搭便车现象。教育考试制度的听证不仅仅只是一个价格问题，可以说随便改动一项方案都具有高厉害性，牵涉到广大考试的切身利益，这比报考费的多少对于考生而言意义更为重大。

四、对策建议

中国是考试的故乡，国家教育考试制度是国家人才测量与人才选拔的根本制度，维系着兴邦治国的根本。人才是第一生产力。如何测量人才，如何选拔人才是实现“第一生产力”的根本保障。同质的人才由于不同的考试制度会产生不同的命运与结果。历次科举兴废和“文化大革命”中废除高考都对当时的社会经济发展产生重大影响。相同层级的学校因为不同的教育考试制度会有不同的生源与质量，乃至不同的社会声誉。国家教育考试制度改革与变迁是与国家的兴衰和社会经济发展密切相关的。我国高校学生在进行双向选择以前的教育考试制度具有教育选拔性与选干性相结合的特性，这使得大学教育成为独木桥；随着高等教育的精英化走向大众化，大学生已经不是“天之骄子”；面对日益激烈的就业竞争市场，国家教育考试制度也会随之改革与创新。我国的教育考试制度从科举考试中蜕变，化腐朽为神奇，无论是水平性教育考试制度还是选拔性招生考试制度都深深地烙上中国传统文化的印迹。随着社会经济发展水平的提高与时代的变迁，制度的变革与创新会是永恒的话题，国家教育考试制度改革与创新也不例外。

本研究的主题是国家教育考试制度的经济分析，基于对我国教育考试制度制度变迁的共时与历时分析以及对两个维度的教育考试制度经济分析与实证研究结果，以下从国家教育考试制度的价值体现、法律机制、组织保障和体系构建四个方面提出相关建议，供政府决策部门、教育考试机构和招生考试院校和学术界参考。

（一）建立公平与效率兼顾的教育考试制度

教育考试制度从属于教育制度，公平性是其核心价值体现，因此教育考试制度的变迁与创新离不开教育制度的基本核心价值。国家教育考试制度的公平性要体现政府对教育制度决策的公平性。教育考试制度作为一种资源，自然要追求资源配置的效率性。政府对教育的决策影响着教育事业的发展。“教育政策是一个政党或国家为实现一定历史时期的教育任务而制定的行为准则。”政府出台的一系列教育制度、政策，都会基于一定的理论基础和价值追求。因此，国家教育考试制度的制定与变迁离不开对公平与效率价值的追求。

决策的不公平会导致不公平的制度，不公平的制度执行会导致社会不公平，特别是社会分配的巨大差距，危及社会的发展与稳定。在国家教育考试制度中出现的一系列问题其根源都是制度的公平性与效率性的缺失与冲突所致。过去教育的精英决策，单一选拔的教育考试制度导致大批高考失败者，他们失去的不仅仅只是知识和技能，更多的是对生活的自信心和工作的创造性，不利于社会的稳定和发展。招生考试制度的区域差异和能力差异导致考生对社会公平性的质疑。考试制度的决策过程缺乏必要的程序，导致执行中人们对政府公信力的质疑。

基于木桶原理的制度设计需要补齐“短板”，促进公平。实现教育公平首要的是要消解制造二元结构的制度，走向制度一体化，让农村学生和城市学生一样享受国民待遇。这就要求政府补齐弱势群体教育资源“短板”，促进教育公平，从而达到社会公平。以教育考试制度为例，教育文化多元化、教育机会均等则需要遵循义务教育的完全平等原则和非义务教育的能力公平原则，这需要公平的教育考试制度的保障，具体建议如下。

第一，从完全平等的原则看，教育政策对义务教育的设计要保证应读书者能读书。义务教育必须保证人人有书念，人人能够念书，人人能念大致相等水平的义务教育。保证教育资源的平等提供，保证贫困学生上学的生活资助。当高中成为义务教育时，要取消中考制度，实行就近入学和电脑排位。

第二，从区域公平的原则看，招生考试名额按照各省市教育适龄人口的均衡分配。虽然中国政法大学已经在实行按各省人口分配招生名额的招生改革，使得一些人口大省山东、河南、四川等招生人数均比2005 年增加二十多人，突破百人或接近百人，2006 年对北京、天津、辽宁、吉林等地都比2005 年减少二十多名招生名额，但是这种方法有一定局限，因为人口总数多不一定当年的适龄考生多。比较而言，按当年适龄考生比例分配名额更为公平。每年的各省考试报名数都提前可以知晓，用招生名额除以全国当年考生数，再乘以该省的考生数，比用招生名额除以全国当年人口数，再乘以该省的人口数更科学。区域公平可以在全国重点大学中推广，省属大学可以在省级范围内实现区域均衡或者实行考生与学校的双向选择。

第三，从能力公平的原则看，要保证能力相近者能进入高一层次学校。近几年来国家在教育财政上保证考上大学的学生能够上大学上采取了多种措施。国家助学金、贷款、励志奖学金等多种途径的“绿色通道”制度设计，尤其是低息助学贷款的财政补贴政策设计，保证有一条畅通的“绿色通道”，不让一个学生因为贫困而上不起学。但是，更大的问题是为什么具有同样能力的学生，一个地方可以上大学，另一个地方却不能上大学，这种招生考试制度的不合理比没有钱上大学更体现出教育的不公平。国家教育考试制度设计要基本做到满足能力同等情况下的入学机会均衡，这种情况比较复杂，我国现在的高考命题制度改革的趋势是从全国统一命题考试走向各省统一命题考试，各省的考分不具有同质可比性，如果能够提供一种类似美国的SAT考试分数更具有同质可比性，这也是教育部特许的一些重点高校自主招生单独面试的理由之一。

第四，从效率原则看，我国水平性教育考试具有很高的行为效率，但是要控制风险成本，对教育考试环节进行立法，加强监管，防止考试事故的发生，避免考试风险。选拔性教育考试制度效率和制度衍生效率由于存在高风险成本，所以要控制适度规模，降低风险成本，发挥选拔性考试的多重作用，提高行为效率。

（二）完善国家教育考试制度的法律机制

我国考试制度从法律系统层次上检视，存在考试办法、条例的相互冲突，缺乏一部更高层次上统一的考试法律和制定考试政策的程序规章。

第一，建议进行考试立法，统一规范考试行为。从考试法律体系的完备性看，要制定一部对整个考试活动进行全面规范的法律，在总体规范的情况下再制定具体的实施条例。我国目前的考试法律体系是先有考试活动，再有考试条例，唯独缺乏一部对考试行为进行规范的《考试法》。

第二，建议制定考试制度的程序制度。具体包括相关提案征询程序、政策制定程序、成本核算制度和信息公示制度。（1）从制定教育考试制度与政策过程看，要制定相关提案征询程序、政策制定程序。在国家教育考试制度制定与改革过程中，建议针对我国不同群体精英话语在对公众态度的吸纳、民意的表达和制度制定等方面的不同价值体现和局限，政府与教育主管部门在教育政策制定过程中要广泛吸纳各方面意见和建议，根据国家教育方针合理取舍制定单项教育制度。在教育制度改革中，对于人大代表提案、教育专家建议以及知识精英呼吁等，要引导不同渠道精英话语的价值中立，排除主观价值取向干扰，国家教育考试制度的制定与政策改革应该做到，让民意说明问题，让收益决定改革。让制度借鉴适应本土，让制度创新不离国情。对于有国际视野的精英呼吁侧重别国制度移植，要进行本土化改造以适应我国教育文化环境。教育工作者的人大代表对教育制度改革提案，话语存在考试精英群体的主观认知局限和价值取向；要对参加提案的代表进行调研方法培训，让代表深入基层做广泛的调查，理解民意以事实和数据说明问题，提出合理可行的提案，并对提案的结果要进行生成成本与预期收益分析。实行提案征集的民意调查制度和制度决策的听证制度。（2）在考试服务定价上，要制定成本核算制度和听证制度让考试目标统领政策，让成本服从收益。对于专家建议所考虑的教育公平价值目标和原则，在制定政策中可以作为政策制定的指导，对于实施多元化的考试制度和考试服务的价格要进行听证制度实施民主参与的可行性论证和成本收益分析。不能为了体现教育公平价值而不计代价，一定程度上需要很高代价的改革也是不公平的，也是难以推行的。所以要让改革目标统领制度改革，让制度改革成本服从制度改革收益，变公平价值追求为可行性公平价值追求。只有有效率的公平才是真正意义上的公平，只有公平而缺少效率的公平是对所有人的不公平。（3）在制度执行过程中要建立信息公示制度防止信息过滤。改变已有的考试场所信息公布的方法为上级公布信息的方法，公示执行过程，具体有制度制定过程、收费标准、名额分布和考生资格和录取情况等。

教育考试制度改革要摒弃主观价值取向，加强民意调查，进行成本收益分析和本土适应性分析，建立相关提案征询程序、政策制定程序、成本核算制度和信息公示制度才能达到教育制度改革的公平、公正与效益相结合的效果。

（三）健全国家教育考试服务组织保障机制

我国的教育考试服务组织是隶属于教育行政部门的机构，具有强行政公务性质，在政令的贯彻上有统一指挥的优越性，在与教育行政部门、相关学校合作上有密切关联性；但是在为考生提供考试服务上以及考试研究和科学分析上缺乏专业动力和市场性竞争动力，存在着行政垄断现象。我国的教育考试服务一直是公共事业，在我国以公共教育资源占绝对优势的情况下，在教育考试服务方面市场竞争模式已经证明是不适合我国国情的。既不能选择市场竞争模式，又不能维持行政垄断，那么第三条道路就是转变现有考试机构的职能，从教育行政部门剥离教育考试服务机构，使考试服务机构成为单纯的教育考试制度的执行机构和服务科研机构，不制定相关考试政策。考试制度、政策由立法或行政部门供给，教育行政监督部门和司法部门对考试服务部门执行监督。

（四）构建国家终身教育考试制度体系

关于国家考试立法问题，是立一部《考试法》或是《国家教育考试法》，学界有广泛争论。我们认为对考试活动立法是和一定社会教育发展状况和经济发展相联系的。从当前的学校教育体系看，构建一部《考试法》包括教育考试和非教育考试似乎比较合理，但是这与学校教育走向终身教育体系的趋势相悖。当今世界已经进入终身教育阶段，各国都在纷纷构建学习型国家体系，我国政府也在关注终身教育的发展问题。1995 年已经将终身教育写入《中华人民共和国教育法》，有关形成“全民学习、终身学习的学习型社会”的政策措施已被列入全面建设小康社会的总体战略目标和未来几年教育发展规划之中。从各种考试活动连接的两个市场来看，教育机会市场属于学校教育范围，而劳动力市场属于终身教育体系范围。在终身教育体系中构建一部《国家终身教育考试法》来规范各种考试行为，具有适合时代发展需要的现实意义。这对考试制度管理和考试科学研究以及考试服务标准化建设都具有重要意义。由于我国的考试资源属于公共资源，具有强公益性，我国又是发展中国家，考试资源既要注重公平又要兼顾效益。从考试制度的管理看，可以避免重复制定制度和制度执行的多头冲突；从考试科学研究看，我国的考试理论研究力量还不充裕，规范统一的法律制度可以帮助建设一只具有完备体系的考试科研队伍，集约科学研究资源充分发挥科研效益。从考试服务看，可以建立标准化的考试服务标准，提供标准考试服务。通过建立标准化考场、标准化考试管理队伍对所有国家考试实行统一执法，可以提高考试执法的公信力。从考试题库建设方面看，可以建立完备的考试题库，使之发挥考试在终身教育体系和学习型国家建设中的应有作用。因此，构建一部《国家终身教育考试法》，涵盖国家各种考试活动有利于考试制度统一管理、有利于考试科学研究与开发、有利于考试资源的集约利用和考试服务的标准化建设。《国家终身教育考试法》的诞生，是适应学习型国家建设与制定终身教育制度的必然。

学习领域课程方案在我国职业教育课程中的实践*

徐　涵

（沈阳师范大学）

一、学习领域课程在中国的发展沿革

现代企业运行和社会管理进入了以过程为导向的综合化运作时代，这对技能型人才的素质提出了新的要求。技能型人才要想具备“持久被雇用”的能力，不仅要有岗位能力，而且应当具备综合职业能力。当人们逐渐意识到“理论为实践服务的课程”在培养劳动者综合能力中的缺陷时，探索和引进“理论实践一体化”课程及其开发方

* 本文是作者主持的全国教育科学“十一五”规划教育部重点课题“以工作过程为导向的职业教育理论与实证研究”（课题批准号：DJA070138）结题报告的部分内容。

法成为课程改革的重要任务。

事实上，随着职教事业的进一步发展，人们对处理职教课程中理论与实践关系的方式方法也有了更进一步的认识。在工学结合的现代职业教育中，有效学习是指学生在真实工作情境中对技术（或服务）工作的任务、过程和环境所进行的整体化感悟和反思，从而实现知识与技能、过程与方法、情感态度与价值观学习的统一。要想顺利实现这一过程，必须进行整体化的课程设计，其核心是找到学习内容的一个合适载体，让学生不但借此学习专业知识和技能，而且能够通过经历工作过程获得职业意识和方法、通过合作学习学会交流与沟通并最终形成综合职业能力。因此仅仅停留在“理论为实践服务”的层次是不够的，理论与实践只有通过特定的载体有机融合到一起（即发生理论与实践的“化学反应”），通过手脑并用的“做中学”（learning by doing）以及行动导向的理论实践一体化的学习，才有可能促进学生综合职业能力的发展，因此必须在更高一个层面上来探索理论实践一体化课程体系的建构。

在职业教育课程中，理论与实践的关系始终是一个核心问题。职业教育课程改革和探索的实践，也是正确和有效处理理论与实践关系的实践。纵观新中国成立以来的职业教育课程发展，我们可以将其划分为“理论与实践并行”、“理论为实践服务”和“理论实践一体化”三种类型。传统的三段式课程包括文化（公共）基础课、专业基础课和专业课的课程模式，即属于“理论与实践并行”课程模式；随着改革开放引进的英美文化圈的CBE课程、国际劳工组织的MES课程等均属于“理论为实践服务”的课程模式；而目前由华东师范大学职教研究所提出的项目课程，以及北京师范大学职教研究所借鉴德国学习领域课程而提出的工作过程系统化课程则均属于理论实践一体化课程模式的一个类型。

20世纪90年代，德国不莱梅大学技术与教育研究所在所长菲利克斯·劳耐尔（Felix Rauner）教授的带领下，研究所与德国大众汽车公司合作，提出了基于工作过程的职业教育课程理念和设计方法，称为以工作过程为导向的整体化工作任务分析法（BAG），并于21世纪初在德国职业教育中推广。2003年，教育部等多部委启动的“技能型紧缺人才培养培训工程”首次在全国范围内引用“工作过程系统化”（亦称“基于工作过程”或“工作过程导向”）课程的理念，提出“学生有机会经历完整工作过程、获得与实际工作过程有着紧密联系的带有经验性质的工作过程知识”。工程还引入了现代职业教育课程理论的一些重要概念，如“学习情境”等。同一时期，原国家劳动和社会保障部科研课题“职业活动导向课程模式的构建”也对职业教育课程开发进行了系统的研究和试验，并在制定课程开发工作流程的基础上，初步引进“工作过程系统化”和“学习领域”课程理念并进行了小规模试验。2006年以来，教育部在其“高等职业教育示范性院校的建设项目”中，正式引进和大规模推广基于工作过程的学习领域课程。2006～2008年，许多德国海归派学者和职业教育研究所的相关人士相继出版了基于工作过程课程改革的研究著作。例如，姜大源编著的《职业教育学研究新论》和《当代德国职业教育主流教学思想研究：理论、实践与创新》，徐国庆编著的《职业教育课程论》和《职业教育原理》，DCCD（Design of a Curriculum on Curriculum Development，关于课程开发的课程设计）中国项目组编写出中文版的介绍德国最新职业教育课程开发的书籍《职业教育与培训学习领域课程开发手册》，等等，为此次职业教育课程改革提供持续的能源动力。2008年，高职高专国家精品课程评选要求把“与行业企业合作进行基于工作过程的课程开发与设计”作为高职精品课程评审标准之一，更是把这次课程改革推向了高潮。

二、学习领域课程方案在中国的教学实践

在实践层面，许多职业教育学校早在2006年前后就已经借鉴德国工作过程系统化的理念展开课程调研，并逐步扩展到课程方案设计、教材开发等层面，使得以工作过程为导向的整体化工作任务分析法（BAG）在我国得到本土化的应用。几年来，越来越多的职业学校参与到了课程改革的行列中，尤其是在广州和北京等地更是有多所学校组织开展了学习领域课程建设的专题研究，并取得了阶段性成果，开发出了具有我国本土特色的课程学习工作页，并在每一轮教学结束后不断地修正、完善。尤其是广州的多所学校在课程设计的基础上，研究总结出理论与实践一体化的教学模式，使得学习领域课程的教学更加优化。

在取得优异成绩的同时，我们必须清醒地看

到，在我国当前的社会经济发展处于转型时期、教育资源分配不均衡等背景下，实施学习领域课程尚存在着诸多困难与阻碍，上至教学行政管理部门，下至一线教学的教师和实验班的学生，或多或少面临着不同的挑战。同时，对学习领域课程理念的理解的多种维度，也使得学校内部在处理教学和管理问题时出现不同的处理方式。了解学校实施学习领域课程基本情况，梳理教学管理人员、教师、学生各方面在教学、管理、学习过程中遇到的阻碍，分析其中的原因并提出相应的解决策略，成为本次调研的目的与意义所在。

（一）调研方法

本次调查采用问卷调查、访谈和信息咨询相结合的方法。通过对课程专家的访谈和信息咨询，构建问卷的总体框架，结合本次研究的目的设计问卷。问卷调查包括学校教学管理人员问卷调查、教师问卷调查和学生问卷调查，问卷被调查的教学管理人员是指从事教学、教务管理的教务处主任、科员等；教师指已经从事学习领域课程教学一个学期以上的一线教师；学生专指已经从事学习领域课程学习一年以上的二年级的学生。其中教师和学生的问卷调查是本次问卷调查的重点。

1. 教师被试

本次调研选取的对象来自广州和北京共 7 所中等职业学校。同时，对部分教学管理人员和教师进行访谈，修正问卷中难以反映的内容和问题。

针对不同的对象，在问卷设计上略有不同。教学管理人员的问卷基本分为：基本情况、关于教材与课程开发、关于教学过程与资源三大部分；教师问卷在此基础上增加了关于课程设计与安排、关于教学效果与评价和关于课程教学与学生学习三部分；学生问卷与教师问卷结构基本类似，只是在问题设计上将视角从教学改为学习。

本次调查共发放问卷 400 份，其中教学管理人员问卷 15 份，教师问卷 50 份，学生问卷 340 份。回收问卷 396 份，其中教学管理人员问卷 14 份，教师问卷 50 份，学生问卷 332 份。

表 1　被试的基本情况

人员类别	普通中专	职业高中	技工学校	合计
教　师	40	10	0	50
学　生	207	68	57	332
教学管理人员	13	1	0	14

在教师的性别分布上，男教师 34 人，占总数的 68%，女教师 16 人，占总数的 32%，男教师的数量是女教师的二倍。这是由于目前我国实施学习领域课程尚处于起步阶段，已开发课程的专业多是维修、制造等工科专业，故其中男教师的数量多于女教师。

在工作时间的分布上，工作时间在 10 年以上的教师有 15 人，占到总数的 30%，1 ~ 3 年的 12 人，3 ~ 5 年的 11 人，5 ~ 10 年的 10 人，分别占到 24%、22% 和 20%，工作时间不到 1 年的只有 2 人，仅占到 4%。其中教授学习领域课程在一个至三个学期的教师较多，分别占到 28%、24% 和 20%，共占到 72%，四至六个学期的共 12 人，占 28%。

可见，目前实施学习领域课程的一线教师普遍具有一定教学工作经验，但入职时间较短，10 年以下的教师占据了大多数，而且讲授学习领域课程的时间也较短，多数教师仅仅讲授完一个学年，教师群体年轻化的趋势较为明显，这一方面有利于教师较为迅速地接受与掌握学习领域课程的思想与理念，但同时，教学经验的不足可能会导致对课程的整体把握欠缺，当然，随着学习领域课程的不断实施，目前第一批讲授学习领域课程的教师将成为宝贵教学经验的拥有者。

2. 学生被试

学生方面，男生 306 人，占总数的 92%，女生仅有 26 人，占总数的 8%。在专业分布方面，332 名学生来自六大专业，分别为汽车运用与维修专业 115 人、电梯安装与维修专业 50 人、数控技术应用专业 50 人、工业与民用建筑专业 44 人、模具设计与制造专业 38 人和给水与排水专业 35 人。

学生的性别分布也呈现了男多女少的状况，相比教师而言差异更大，当然这与学生被试的专业有关。对教师性别分布的分析中我们提到，目前我国实施学习领域课程的专业多是维修、制造等工科专业，所以在本次调查中，男生多于女生也就不足为奇了。

由于我国目前开发课程尚处于实验阶段，借鉴德国经验的成分比较多，“汽车运用与维修”专业又是德国实施学习领域课程中最早开发并具有较为完善课程体系的专业，故我国职业学校在开设学习领域课程时最早开设的也是“汽车运用与维修”等相关专业，其实施时间较长、班级设置较多，所以本次调查问卷选取的被试中来自“汽车运用与维修”专业的学生要比其他专业的学生多。

学生被试中有326人是初中毕业后进入中职学校学习的，有6人已经高中毕业。可见，除去少数特殊个体之外，目前接受学习领域课程的学生绝大多数为初中毕业、年龄在15～18岁的青少年。

目前就读的年级方面，本次调查的时间为2009年10月份，一年级学生刚刚开学一个多月，对学习领域课程还并未熟悉，不利于问卷信息的收集，而三年级的学生已经进入企业实习，所以大部分问卷调查的是二年级学生，故二年级学生被试共有292人，占到总数的88%，一年级和三年级的学生分别只有2人和38人，共占到总数的12%。

由于不同学校开设学习领域课程的时间与所在学期不同，所以学生学习“学习领域”课程的时间不尽相同，已经学习课程两个和三个学期的人数最多，分别占到总数的44%和29%，一学期的占到总数的17%，学习了四个学期以上的人数总计35人，共占到总数的10%。

（二）结果分析

1. 关于教材与课程开发

调查数据显示，正在使用“本校开发的或正在开发中的‘学习领域’课程教材”的教师有29人，占回答此问题的45名教师的65%，使用“已出版的其他学校开发教材”的仅10人，占22%，尚有6人选择“其他”，即使用的教材并不是对应的“学习领域”教材。

对于“学习领域”课程的开发与讲授持何种态度，表示“非常支持，积极参与”和“比较支持，尽可能参与”的共有45人，占总数的91.8%，表示“反对”以及“强烈反对”的仅有2人，另外有2人表示“无所谓”。

分析表明，目前“学习领域”课程教材的开发具有一定的普遍性，大多数教师认可“学习领域”教材校本开发的价值和意义，也支持课程与教材的开发，态度十分积极，参与到学习领域课程教材的开发和讲授的热情较高。

中等职业学校具有为本地区域经济服务的独特性，其人才培养目标会依据不同企业的需求和学校当前的教学实力来定位，这也就决定了课程内容和教学过程的差异性，尤其是学习领域课程，其更是强调以工作任务分析为前提决定的课程内容和行动导向的教学方法，这势必要求教师以团队的方式开发学习领域校本教材（工作页）和校本课程，提高人才培养的针对性和质量。但是，我们应该注意到，少数教师在使用其他学校开发的教材，甚至没有教材，这是十分不利于学习领域课程的教学的。

在问及“本校是否已经开发‘学习领域’课程校本教材并参与开发”，有14名教学管理人员和44名教师回答了此问题。其中，表示“我参与了已经开发或正在开发的校本教材”的教学管理人员有11人，占总数的78.6%，而教师仅为19人，占总数的43.2%。可见，教师参与教材开发的比重明显低于教学管理人员。

学习领域课程的核心内容是工作过程知识，需要学生通过完成典型的职业工作任务来获得，典型的职业工作任务则是通过行业分析和专家——专业工人——工作会议（也有人称之为实践专家研讨会）来确定的。行业分析主要用于职业和职业领域的界定和结构化；工作会议大多分三次进行，以确定职业工作任务并以工作对象、工作方法、工作组织和对工作要求的形式来描述专业工作。其人员主要由以下人群构成：从事专业劳动的技术工人；生产一线的管理者，如师傅、车间主任等；行业专家；教师；教学计划制定人员；职业科学工作者。当然，三次会议的人员在构成上不尽相同。通过会议所确定的典型的职业工作任务和相应的描述，则构成了学习领域课程的教学内容。

在回答“开发‘学习领域’课程校本教材主要的参与人员有哪些人”的14名教学管理人员中，所有人均表示在学习领域课程的开发过程中都有教师的参与，其次是企业和行业专家、教学管理人员和一线技能高手，而以往作为教材开发主体的课程学者、专家和市、区教研员只占有较低的比例。值得关注的是，部分被调查的教学管理人员表示，以往教材开发中并不受关注的毕业生也参与到了学习领域课程教材的开发中。

在被问及“课程内容的确定主要采纳哪方的意见”时，有部分被试（2～3人）没有回答。回答该问题的被试中，75%的教学管理人员认为企业和行业专家的意见最为重要，而教师和一线技能高手的意见应次要考虑，有45.5%的被试认为要将毕业生的意见列为第三参考。总体上呈现出行业专家——一线技能高手——毕业生的顺序。

在被问及“课程安排的顺序的确定主要采纳哪方的意见”时，被试的回答意见趋于分散。45.5%的教学管理人员认为教师应是安排课程顺序的首要因素，而认为教师占据次要地位的被试占有同样比例；有45.5%的被试认为企业和行业专家的意见应排在首位。

分析表明，在本次被调查的教学管理人员所参与的课程开发过程中，教师与企业、行业专家拥有课程内容确定和顺序安排的重要地位，内容的确定更多听取的是企业、行业专家的意见，而教师是课程顺序安排的主宰者。

在回答此问题的14名教学管理人员和49名教师中，了解学校有鼓励教师参与“学习领域”课程教材开发的政策措施的各占有78.6%和71.4%，有21.4%的教学管理人员和8.2%的教师明确表示学校没有相关的鼓励政策，有20.4%的教师不清楚是否有鼓励政策的存在。

分析表明，大部分学校制定了相关的政策措施，积极鼓励教师参与“学习领域”课程的教材开发。但这一比例稍显不足，在教师总量和结构均相对缺乏的中职学校，教师工作量、工作压力较大，如果没有学校鼓励的政策措施，教师本身很难有积极的心态和饱满的热情参与到课程的开发中，势必影响学习领域课程和教材实施的质量和水平。

关于参与“学习领域”课程的培训或课题方面，14名教学管理人员均表示参与过相关培训和课题，而有20%的教师表示从未参与过；在参与的培训和课题的级别方面，分别有85.7%和61.5%的两类被试参与过市级的培训和课题，占绝大多数，而参与过国家级的培训或课题的教学管理人员有71.4%，而教师仅有10%，另有35%的教师参与过校级的培训或课题；而在参与培训和课题的类型方面，14名教学管理人员几乎均参与过培训、座谈、研讨会和科研课题等多种形式的培训，而在教师中则更多参与的是座谈和研讨会的形式，占总数的56%，其次为培训，科研课题参与的最少，仅为26%；在参与的培训和课题的次数方面，64.3%的教学管理人员参与过9次以上的培训或课题，5次以上的人数更是达到92.9%，而教师参与的次数则集中于2～4次和5～7次，明显少于管理人员。

可见，在参与学习领域课程的培训或课题方面，教学管理人员的情况明显好于教师，不仅参与的比例大，而且等级高、形式多、数量大，说明目前“学习领域”课程对于一线教师的培训还略显不足，仍然更多地停留在教学管理层面，教师参与性较少，大大阻碍了教师参与课改的积极性，也影响到课程开发的质量。

2. 关于课程设计与安排

调查数据显示，分别有51.2%和12.8%的学生对学习领域课程“比较感兴趣”和“很感兴趣”，即总共有64%的学生比较喜欢学习领域课程，而在教师眼中，二者合计比例达到89.1%，明显高于学生比例，并且仅有5名教师认为学生对学习领域课程不感兴趣。可见，对学习领域课程基本态度的看法教师对学生的估计明显偏于积极，而实际情况则是仅有三分之二的学生的态度较为乐观。也就是说，部分教师高估了学生对于“学习领域”课程的态度。（见图1）

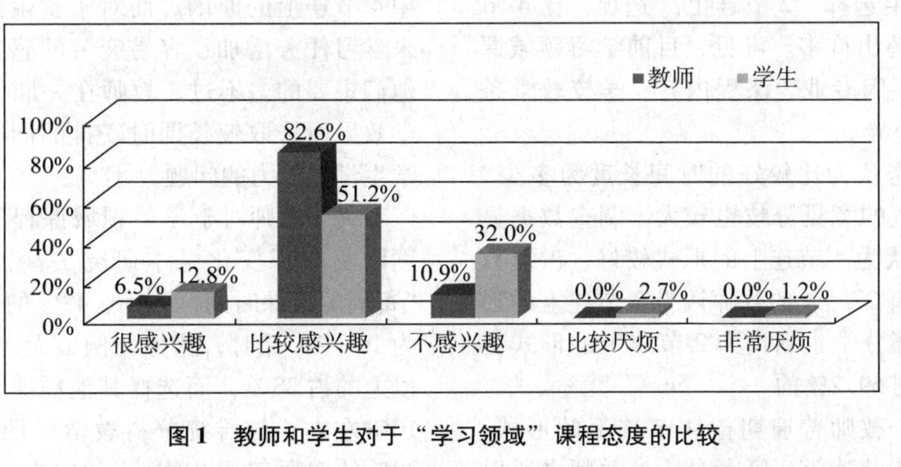

图1 教师和学生对于“学习领域”课程态度的比较

在问及“对一体化模式是否适应”时，教师和学生的答案略有不同。教师中表示可以“很快”和“比较快”适应的分别占总数的32%和46%，选择适应情况“一般”的也仅有9人，占18%，仅各有1名教师表示接受的“比较慢”和“尚不适应”；而学生中感到适应“比较快”的占到总数的47.2%，表示适应状况“一般”的占35.8%，表示“很快适应”的仅占不足10%，另外有少数人表示“比较慢”和“尚不适应”。

可见，在接受“一体化”教学模式时，教师的反馈表现出较强的适应和接受能力，这与教师的年龄、阅历有关，更与对学习领域课程的态度密切相关——对课程理念的较高认可、积极的心态等使得教师能够快速地适应新的教学模式。而学生的适应情况则趋向中间水平，这一方面由于学生普遍的年龄较小，适应能力较弱，以及中职学校的学生普遍存在的学习基础薄弱、学习动力不足有关，但笔者认为，这更大程度上是由于义务教育阶段中分科课程体系和“填鸭式”的教学模式造成的，学生早已习惯于教师作为知识的拥有者和传递者、而自己只是接受者和记忆者的身份，而对于突如其来的倡导学生为实践主体、通过完成工作任务来学习的学习领域课程，学生不免带来不适应的情况，好在问卷反馈的信息表明，学生的适应情况还不那么糟糕，总体上教师和学生对于一体化模式的适应状况基本乐观。（见图2）

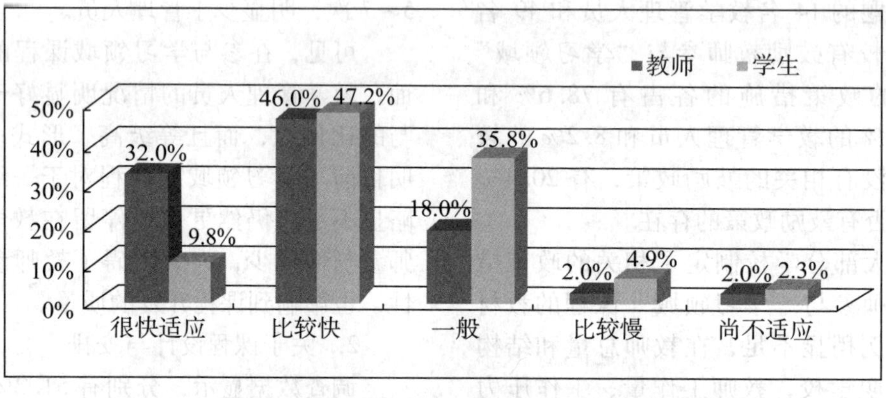

图2 教师和学生对一体化的教学模式的适应状况比较

在课程安排时长的统计上，因涉及6个专业、7所学校，所以情况存在着些许差异。50名教师中有45.7%的人所在学校实施的一体化教学采用的是4节课连上的方式，采用2节连上的占到39.1%，还有8.7%的教师选择“其他”，这其中有部分教师填写了补充信息为“6节连上”，这也是笔者没有预料到的；而学生的情况大不相同，有64.2%的学生选择“2节连上”选项，比4节连上的18.2%超出许多。可见，目前学习领域课程的教学实施，因专业、课程内容、学校教学条件的不同各有差异。

在问及“您认为比较好的时间长度为多少”时，教师和学生的意见分歧也较大。调查数据显示，19名教师认为4节连上的形式较好，占总数的47.5%，也有27.5%的教师认为2节连上的形式更好；而大部分学生则认为2节连上的形式更好，其比例占到69.2%的。

分析表明，教师普遍期望4节连上的形式，而学生更期待2节连上。笔者分析，教师之所以更期望4节连上的形式，多是出于更好地完成教学任务的目的。我们知道，学习领域课程中的教学内容即“学习领域”是由工作世界中的“行动领域”通过教师的转化而来的，其呈现的形式多是具体的问题情境或是工作任务，教学的过程其实就是教师引领学生解决情境中的问题或是完成工作任务，其中包括信息收集、分析、准备、执行、检查等多个步骤，所以，这就需要较长的教学时间来保证任务完成的完整性，这就是教师期望4节连上的原因。而对于学生而言，这势必带来学习任务增加、容易疲劳的感觉，这当然不是他们想要的。不过，教师在一厢情愿地为提高教学效果而采取较长课时安排的同时，也要考虑到学生学习能力的问题。

关于教师对于学习领域课程的接受、认可程度以及心理变化是本研究关注点之一。在统计“每周的授课时间”方面，42%的教师的周课时量为16～18课时，选择比例最大，其次是21课时以上的占28%，而选择其他周课时量的教师均在10%左右；与传统分科教学（课程）体系相比，28%的教师表示“时间几乎没有变化”，24%的教师表示“课时略有缩短”，表示“略有缩短延长”的教师也占到24%。可见，学习领域课程并未给教师的周课时带来太多的变化。相比之下，对于目前的周课时量带来的心理感受，教师的反应并不乐观。30.6%的教师认为“课时过多，非常疲劳，压力很大”，44.9%的教师表示“课时较多，比较疲劳，压力较大”，二者合计占到75.5%，而认为“强度适中，比较适应”和“课时较少，比较轻松”、“偶有压力”的教师仅有10%和2%。

可见，目前教授“学习领域”课程的教师的周课时量并未显著增加，但是普遍感到压力较大，比较疲劳。这是由于学习领域课程倡导的行动导向教学和目前职业学校开展的一体化教学模式，需要教师在备课过程中将理论与实践有机地结合，还担负着教学和学习资料的收集和整理工作，既要将理论知识讲得“必须”、“够用”并且通俗易懂，还要能够身先士卒地为学生示范、演示，同时，一体化教学模式大多采用的两节和四节连上的方式，这大大地提高了教师备课、授课的要求和难度，使得他们感到压力加大、比较疲劳，这也极不利于课程的教学，容易带来不良的教学效果，值得广大教师和教学管理者关注。开展“学习领域”课程的学校应注重改善教师的教学和生活环境，提高和优化参与课程改革教师的待遇，使他们在一个较为轻松的工作环境中开展教学，以使得学习领域课程的更好开展。

学习领域课程的教学中有相当的内容需要运用小组合作学习的方式来完成，贯穿于课前预习、课堂讨论、合作实践（协同操作）、课后练习等多个环节。小组合作学习的方式有利于提高学生之间团队合作能力和人际交往能力，是学习领域课程教学设计中的关注点之一，其运用比例与学生的接纳程度影响着教学效果。

调查数据显示，在运用小组合作学习实施教学方面，教师与学生的选择分布均呈现偏态分布，分别有45.7%的教师和学生认为运用该方式“较为普遍”，认为“十分普遍”的教师达到28.3%，而学生只有15.6%，认为“偶尔”的学生为29.8%，而教师则为13%，这说明教师自身感觉运用小组合作的比例相对较高，而学生则反映其并非广泛。

在对待小组合作学习方式的态度上，认为学生“比较感兴趣”和“很感兴趣”的教师总数达到87.5%，仅有6名教师学生“不感兴趣”。而学生中感到“不感兴趣”、“比较厌烦”和“非常厌烦”的总计比例达到19.7%，有60.8%的学生感到“比较感兴趣”，“很感兴趣”的学生有19.4%，明显高于持该观点的教师。分析表明，学生态度较为分散，多数人对学习领域课程和小组合作学习方式感兴趣，而教师的态度更倾向于乐观，在估计学生对二者态度方面过分乐观。

3. 关于教学过程与资源

关于教学资源——包括教师数量与能力、实操设备的数量与质量以及学生的学习资源能否满足学习领域课程教学的需要是本研究关注的重点之一。本部分共设计了相关问题12道，试图较为细致地了解相关情况。

调查数据显示，78.6%的教师和46.8%的学生表示，学习领域课堂上有2名教师共同授课，3名以及3名以上教师同时指导的情况也少量存在，而仍然有42%的学生接受的是单一教师授课的方式；在教师平均指导学生的数量上，分别有58.7%的教师和57.3%的学生选择“平均一名教师指导20名以上学生”，这意味着大部分课堂的生师比超过1∶20；值得欣慰的是，有19.6%的教师和29.1%的学生表示，课堂上平均一名教师指导的学生数在15名以下。

多数学生和教师所在的学校一体化教学方式采用2名或2名以上教师同时指导的方式，这对于传统课堂来说，不得不称的上是巨大的变革。在少数课堂，一名教师可以指导5~15名学生，但是，我们依然看到学生被试所在的学校单一教师授课的比例依旧很大，而且课堂上的师生比例大部分仍然在1∶20以上。这十分不利于学习领域课程的教学。

学习领域课程强调学习内容与工作世界的相似性，学习内容多为较为完整的工作任务，教师需要创设情境，并引导、指导学生进行分析问题、准备、制定计划、执行计划、检查等一系列的完整的学习过程，使学生获得综合的职业能力。在一体化教学模式中，教师不仅担负着理论讲解的任务，更需要教师把实践操作演示给学生看，并让学生较多的练习，目前大部分学习领域课程实施的课堂上配备两名或两名以上教师，正是想弥补一名教师在理论与实践上二者不均衡的问题，同时可以让教师关注到更多的学生。不同的专业、课程之间存在着差异，并且教学过程中是活生生的个体人，所以我们很难定义出一个刚性的标准化的生师比例，但是，1：20 这样的生师比例实在很难高效率地保证教学质量和效果。职业学校在管理过程中，可以采取缩小班型，减少同时上课的学生数量等方式来保证生师比在 1：15 左右，即两名教师同时授课的课堂上学生在 30 人左右比较理想。

对于“教师的数量能否满足学习领域课程的需要”，71.4% 的教学管理人员和 41.7% 的教师认为“不能满足”，而学生的选择比例仅为 21.8%，选择“基本能够满足”的有 54.2% 的教师和 54.8% 的学生，教学管理人员的比例仅为 28.6%，并有少数教师和学生认为教师的数量比较或十分充裕。“知识和能力”方面，71.4% 的教学管理人员和 53.0% 的学生认为“基本能够满足”，认为“不能满足”的仅有 21.4% 和 9.5%，甚至有 37.5% 的学生认为“比较或十分充裕”；46.6% 的学生认为教师的“理论知识和操作能力均较强”，而持相同观点的教师仅为 6.3%，认为自身“操作能力偏弱”教师达到 68.8%，而学生仅有 36.3%。

被试的反馈差异较为明显，学生对于教师的数量和基本能力均比较认可和乐观，而管理人员对于教师素质比较满意，而教师本身更倾向于仅对数量的达标满意，而对自身素质持消极态度。三者对于这一问题的理解和态度反应不同，一方面是由于各自对于学习领域课程的理解的层面和教学效果的期望不同，另一方面也是由三者所处的角度不同造成的。对于教师而言，多是从教学层面分析该问题，在实际的授课过程中，教师充分认识到学习领域课程对于教师能力提出的新挑战，工作量、工作压力、工作难度的增大、教学方式的转变等切身体会让教师感到身心俱疲和自身素质的不足；教学管理者则是站在管理的层面来看待这个问题。学习领域课程倡导的行动导向的教学方式和理论与实践一体化的教学模式，对教学实训室和教师的质量与数量均有较高要求，实施一体化的教学模式，以现有的情况来看，传统的理论与实践使得教师的能力趋于单一，要求每次课要有两名或两名以上教师同时指导，一名以理论教学为主，兼顾实践教学，另一名以实践为主，兼顾理论，二者形成优势互补。也正是由此而造成了相对的教师数量的缺乏，教学管理者普遍感到教师数量不足，难以安排；而对于学生而言，一体化的教学模式中两名教师共同授课，比起传统的课堂能够得到更多的指导，学生自然感觉不到教师数量的缺乏；在学生眼中，教师仍然是知识的掌控者和权威，而且两名教师的互补性教学正好弥补了各自能力的不足，总体的教学效果得到学生的认可，学生也就感觉不到教师能力的不足了。

为了更好地进行学习领域课程的教学，大部分教师对于选项中提及的能力均认为应该得到进一步的完善，而相对地对“实际操作能力”的认可程度不是很高，较多的教师关注于“教学方法的掌握与运用”、“专业理论知识”、“教学评价的合理运用”以及“解决工作情景下实际问题能力”；有 31% 的教师认为“教学情境设计能力”最为重要也最应完善，而把“解决工作情景下实际问题能力”提升排在首位的也有五分之一左右的教师。（见图 3）

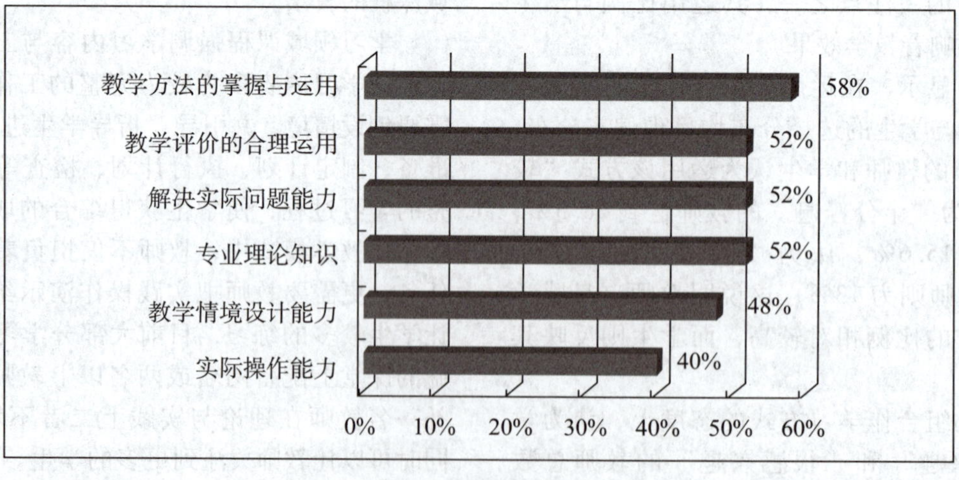

图 3　教师对自身能力改善的要求

可见，大部分教师对于实践性知识的丰富和技能提高的态度是较为积极的，认识到了自身应在此方面加以完善的必要性。而对于学习领域课程中较为强调的“教学情境的设计”能力和“工作情景下实际问题的解决”能力的认识则显得不够，这说明教师对于学习领域课程的认识有所欠缺，还未能把握课程方案核心思想的精髓，这与相关的课程培训缺失有关。同时，“教学情境的设计”能力和“工作情景下实际问题的解决”能力是建立在其他几项能力的基础上的、有更大难度的能力，对教师而言是超出传统教学要求、超越一般教学能力的，而现有师资的素质在几项基本能力尚欠缺的情况下这两项能力不足也就不足为奇了。

关于实操设备的使用，除了“只有1名”和“9名以上”的被选较少外，只有三分之一的学生和教师表示每台设备上共同操作的学生为3人以下，近三分之一的被试表示4~6名学生共同操作一台设备，还有近三分之一的被试表示同一台设备上的学生达到7~9人，甚至9人以上。这表明实操设备存在着严重数量不足的状况。

而对于“实操设备的数量能否满足教学要求”的提问，被试们的反馈令人寻味。有50%的教学管理人员和42%的教师认为“不能满足”，而学生的选择比例仅为29.7%，选择“基本能够满足”的有46%的教师和51.1%的学生，教学管理人员的比例仅为35.7%，并有少数教师和学生认为实操设备的数量“比较或十分充裕”。而对于实操设备的“质量与功能”方面，64.3%的教学管理人员、68%的教师和75.6%的学生认为“基本能够满足”和“比较充裕”，认为“不能满足”的分别有35.7%、30%和22.8%。

从被试的反馈中我们可以看出，学生对于实操设备的状况较为满意，而管理人员对于实操设备的质量与功能基本满意，普遍认为其数量缺乏，教师对实操设备的数量和质量均表现认可。这样的看法与近三分之一教师和学生被试反馈的实操设备存在着严重数量不足相比，存在着一些矛盾。当然，由于不同专业对于实操设备的要求存在差异，我们很难证明究竟哪一比例更优，但不能否认，实操设备的数量、质量与功能很大程度上影响着学生动手能力的培养，这也是学习领域课程十分强调的。而造成三类被试对实操设备数量能否满足教学要求回答的差异，反映出被试群体对于学习领域课程本身的理解角度和层次的差异。对于教学管理者而言，实操设备的数量很大程度上影响着教学资源的统筹和安排，换句话说，就是根据设备的数量来安排教学日程是管理者较为关注的，而很难体会到教学过程中能否满足教学要求；而教师和学生是实操设备的直接使用者，更关注其质量与功能，同时，教师是以学生能够直接操作设备的机会和时间来衡量设备能否满足教学的，而学生则因为其认知水平有限并且缺乏同传统课程的比较，又由于现实中设备数量也可以让学生在每一次教学中均有机会进行操作，使得二者难以体会到客观上实操设备的数量不足。

我们也看到部分学校的实操设备基本上可以满足课程教学的需要，但是，对于大多数刚刚从传统理论与实践独立授课起步的中职学校而言，在学习领域课程改革的过程中，至少在实操设备等教学资源的建设方面还有很长的路要走。

教学方法的合理运用对于效果的提升有着直接的帮助，尤其是学习领域课程倡导的一体化教学模式，更是强调工作情境与教学环境的相似性，以使得学生获得工作世界知识，这就要求在教学过程中，教师要努力创设教学情境，合理运用教学方法。

通过调查表明，教师在教学过程中均普遍采用过选项中提及的方法，其中“讲授法”成为最普遍和最为常用的教学方法，有84.0%的教师经常使用并且有42.6%的教师将其列为最为常用的方法，而“演示法”、“案例教学法”和“项目教学法”的普遍性和常用性也十分可观，在教学方法使用的普遍性上，讲授法、演示法、案例法和项目教学法等均占有较高的比重，具有普遍性，引导课文法、角色扮演法、读书指导法等应用并不广泛。同时，讲授法、案例法与演示法位列于教师最为常用方法的前三列，成为较为常用的方法。值得关注的是，教师普遍认为案例法最能取得较好的教学效果、学生更感兴趣，但案例法却并不是最为常用的方法。

分析表明，目前学习领域课程的教学过程中，讲授法、演示法等传统教学方法占有相当的比重，占据主导地位。虽然项目教学、案例教学等行动导向的教学方法也占有着一定比例，但对于职业学校的学习领域课程教学而言，我们不能满足于此。当然，我们不强求所有的教学内容都必须运用行动导向教学方法加以实现，毕竟课程内容中部分内容更宜采用讲授、演示等方法，但是必须清楚地认识到，行动导向的教学方法对于职业学校的学生综合职业能力的提高具有巨大作用和意义，也应该尽可能地提高其使用比例。传统教学方法所占比例过大，意味着教师能力与学习领域课程教学要求之间存在着一定的不协调，这不仅说明我国中职教师普遍存在着“重理论轻实践”的素质结构，也体现出职业教育教师培养与培训环节中实践性训练的缺失，正是由于教师缺乏对于企业中实际工作的感性认识与实际操作经验，导致大部分教师只能以“讲”为主，难以以工作项目或者案例为学生创设情境，使学生体验较为真实的工作情境。教师进企业实习、实践可以很大程度上解决教师企业实践经验不足的问题，当然，教师去企业实践面临着来自各方的诸多阻碍，但我们仍然可以通过一定方式将这对于教师和学生多方获益的制度建立起来，如：完善教师到企业实践的地方性法律法规；建立相应机构进行统筹、监督和管理；制订并不断完善教师到企业实践的学年（学期）实践计划；建立深层次紧密型的校企合作，通过产学研训的紧密结合促进教师到企业实践；制定教师进修的个性化方案，提高进修的目的性和有效性等。

在义务教育领域，为提高学生的知识掌握水平，市场上应运而生了大量的教辅材料，而在职业教育领域内，尤其是中职阶段，除去教材之外，很难再寻觅到帮助学生提高理论知识和实践技能的教学辅助材料，以及辅助教学资源，对于实施学习领域课程的教师和学生而言更是如此。我们不仅要问：实施学习领域课程的辅助教学资源从何而来？目前获取到的教学资源能否满足教学的需要？教师与学生获取辅助教学资源的手段和方法是否存在差别？

调查的数据显示，对于教师来说，网上搜索、教材配套的教学材料成为使用最为广泛并且频率最高的资源收集手段；而对于学生来说，教材配套的教学材料与教师提供的资料库更具有普遍性和常用性，仅有三分之一的学生会采取上网搜索的方式搜寻学习资源，经常上网搜寻的学生仅为8.2%。无论是对于教师还是学生，图书馆与书店的图书和报刊显然已经无法成为他们获取教学资源的主要方式。

对于目前学习教学资源能否满足需求的回答，教师与学生的反馈均不是正态分布，并存在明显差异。认为教学资源“欠缺”的教师占总数的46.9%，与认为一般和基本够用的51%基本不相上下，两级分化趋势明显；而对于学生来说，认为“一般”水平以上的占80.2%，仅有18%的学生认为“欠缺”呈现出基本认可的状态。

分析表明，当前实施学习领域的教学中，教师除了借助教材配套材料外，主要通过互联网寻找教学资源，形成资料库后提供给学生；而学生则十分“享用”配套教学材料和资料库带来的便利，仅有少数学生会通过网络搜寻自己需要的学习资源。正是由于这种资源获取的易如反掌以及缺乏对知识的探索精神，形成了教师认为实际的教学资源欠缺而学生认为较为充裕的现象。同时，在某种程度上说，对于实施学习领域的学校，网络教室、信息中心建设显然要比图书、资料室建设意义与作用大得多，学校和教师应该注意到学生学习方式和学习资源获取渠道的转变，更好地建立设备齐全的网络，为学生提供更加便利的获取信息的平台。

4. 关于教学效果与评价

学习领域课程注重学生综合职业能力的养成，其课程设计不仅注重知识与技能的传授，其一体化的教学思想更关注职业态度、解决实际问题能力与团队协作能力的形成。因而，在教学中采用一体化的教学模式能更有效的促进学生上述能力的全面发展。但在实践过程中，教师与学生如何看待学习领域课程所取得的教学效果？上述能力是否得到了发展？与传统分科课程相比是否具有明显优势？这些问题也是本次研究的关注点之一。

调查数据显示，从总体上看，教师认为课程对提高学生在此五方面的态度比较集中，平均有70%以上的教师认为课程对于学生此五方面的提高“比较有帮助”，而认为“略有一点”和“作用巨大”的均不超过20%，可谓集中趋势较为明显；而学生方面的意见较为分散，认为课程对于自己此五方面的提高“比较有帮助”在50%左右，认为“略有一点”的从26.4%到38.2%之间，认为“几乎没有”和“作用巨大”的比例很小，可见，学生意见分布基本呈现正态。

我们可以认为，选择“比较有帮助”和“作用巨大”意味着被试认可学习领域课程对于学生的积极作用，持乐观积极态度。具体说来，首先，从排序上教师和学生存在明显差异。教师认为这五项中对学生最有帮助的是“提高实践技能”，然后依次是“掌握工作知识”、“解决实际问题能力”、“养成职业态度”，最后是“提高团队合作能力”；而学生认为最有帮助的是“提高实践技能”，然后是“养成职业态度”、“提高团队合作能力”、“解决实际问题能力”，最后是“掌握工作知识”。其次，教师态度倾向于帮助较大方面，更为积极乐观，而学生态度较为保守，倾向作用略有一点。例如，关于课程对学生“掌握工作知识”方面，有 85.4% 的教师认为“比较有帮助”，认为“略有一点”的仅有 10.4%，而学生中仅有 50.3% 认为“比较有帮助”，却有 38.2% 认为“略有一点”，明显高于教师比例。

当问及教师相比传统分科教学如何看待“学习领域”课程的教学效果时，51.9% 的教师认为学习领域课程“优势明显”，并有 40.4% 的教师认为略有优势，而认为二者不相上下和传统分科课程有优势的教师数总和仅有 6.4%。可见，绝大部分教师认为学习领域课程比传统分科课程更具有优势。

在教学评价方面，传统评价方式更加关注通过教师的讲授，学生在知识和技能方面取得的成果，方式上以结果评价、教师评价、考试考核评价为主；而学习领域课程强调的是学生综合职业能力的养成，不仅包括知识和技能的习得，学业取得的成果，也关注学习的过程，以及更加注重学生对于实际问题的解决，尤其是能够创造性地解决问题、主动学习意识和人际交往等方面能力的提高。因而，在评价重点方面，应体现出对上述能力是否取得发展的关注，方式上应侧重过程评价，从而形成学生自主评价和互相评价为主、教师评价为辅的评价机制。

调查数据显示，在实际教学评价过程中，有 91.7% 的教师十分关注学生“操作技能的熟练与准确程度”、“解决实际问题的能力”和“学习的主动性”也分别有 87.5% 和 75% 的教师会侧重于此，关注“理论知识掌握的程度”的教师仅有 50%。可见，教师在评价中还是比较了解职业学校学生的学习特点与学习目标，基本定位在与学生未来职业密切相关的实践能力的方面。

5. 关于课程实施过程中面临的阻碍

学习领域课程设计打破学科界限，从工作世界对职业人才的需求实际出发，以典型工作任务和工作流程等依据编制课程，使课程内容和顺序更贴近工作世界，其理论设想十分完善。但就目前我国职业教育的发展水平而言，坦率地说，学校的建设水平和教师能力素质均难以达到学习领域课程的要求。我们势必发问：在实际的教学与管理过程中，教师、学生和教学管理人员究竟面临着哪些困难和阻碍？其主要原因又是什么？应从哪些方面进行改进？

学生在学习过程中难免遇到各种各样的困难与阻碍，学习领域课程的教学中也不例外，教师采取相应的补救手段来保证教学效果和提高教学质量的前提是教师能否清楚地了解学生所面临的学习困难。但事实上在大多数情况下，学生真正的学习阻碍并不被教师完全掌握。

调查结果显示，有 65.7% 的学生面临着“专业理论较难理解”的困难，持该观点的教师也达到 67.4%，面临“主动学习动力不足”问题的学生有 45.9%，73.9% 的教师表示赞同。可见，学生在这两个方面面临的学习困难二者的意见较为一致。但同时，有 48.6% 的学生认为“实践操作较难完成”成为自己所面临的困难，而仅有 23.9% 的教师持相同观点；30.6% 的学生认为自己的“学习任务过重”，对该观点表示赞同的教师仅有 6.5%。可见，教师在了解学生学习困难情况方面有待于进一步改善。

对于最重要的学习障碍的认识上，33.9% 的学生认为是“学习内容很难与实际联系”其次是“专业理论较难理解”和“缺乏学习资源”，而教师则认为，学生面临的学习阻碍中“主动学习动力不足”最为关键，其次是“专业理论较难理解”。分析可见，除了“专业理论较难理解”得到一致认可以外，学生更多的寻找自身以外的因素，即将学习的阻碍归结为外部原因，而教师把学生主动学习动力不足即内部因素归为更为重要的原因。在总结学习阻碍的原因方面，学生多数认为导致学习困难的关键在于“实操设备数量不足”和“缺少学习资源”，大部分教师也持同样观点。而在归纳次要原因方面，学生认为是“教师数量少”和“课程安排不合理”等，而教师认为是“学生先前的文化基础较薄弱”和“缺少科学规范的教材”所造成的。

分析可见，学生与教师在归纳学习障碍和总结成因方面均存在明显差异，学生认为学习障碍与造成障碍的原因更多的来自外部，而教师更倾向于将其归纳在学习资源缺失与学生自身学习动力不足。

在学生学习面临的学习困难的同时，教师在教学工作中也同样遇到了这样与那样的障碍困扰着教师实施教学，有70%的教师面临着“缺少课程资源”的困难，面临着“学生学习基础薄弱”和“缺少科学规范教材”的教师也达到了66%和60%，58%的教师“缺乏课程指导与培训”。在所有面临困难和障碍中，21.3%的教师把“学生学习基础薄弱”列于首位，将其视为最大的困难，同时有12.8%的教师将“课时安排不合理”和“物质条件不能满足教学需要”列为首位。将“学生学习基础薄弱”、“缺乏课程指导与培训”、“缺乏课程资源”视为面临的第二大阻碍的教师各有18.2%。可见，教师所面临的困难与阻碍是多种多样的，并且缺少课程资源，缺少科学规范教材等阻碍，具有普遍性和重要性，应当引起广大学者和教学管理者的关注。

由于学习领域课程是借鉴国外课程模式，在我国本土化后的实施与运用，在教材建设、实训基地建设、教师观念接纳、教师能力素质等方面要求较高，对我国目前的学校层面提出了更高的要求，同时，也给教学管理带来了新的挑战。那么，对于教学管理人员来说，实施学习领域课程究竟面临着哪些困难与挑战呢？其中最为关键的又是哪些？在教师和教学管理人员眼中，影响课程的关键因素又是什么？这些问题也是本研究的关注点之一。

调查数据显示，在问卷所列举的所有困难中，除了“用人单位对学生不认可”一项无人选择外，其他选项均有被选。其中，几乎所有的教学管理人员均面临着“缺少科学规范教材”的困境，选择比例高达92.9%，85.7%的教学人员面临着“教师数量不足”带来的困难，认为“缺少教学资源”的有71.4%，各有57.1%的管理人员面临着“教师观念不认可”、“课时安排不合理”和“缺少课程指导与培训”的困境。上述这些问题十分普遍，成为大多数教学管理人员面临的困难与障碍。

（三）学习领域课程方案在教学实践中反映出的主要问题

本次对学习领域课程实施现状的调查内容涉及教材与课程开发、教学设计与安排、教学过程与资源、教学效果与评价以及课程实施过程中面临的困难与阻碍五大部分。从问卷结果的分析中我们不难看出，当前我国中等职业学校实施学习领域课程在实践层面存在着不少问题，无论是学生、教师，还是教学管理人员均面临着各自一定的困难与阻碍。对这些问题的总结和梳理，有利于加深对学习领域课程的理解，并为完善学习领域课程在实践中的设计以及建构课程实施条件提供现实依据。

通过问卷调查和访谈结果的总结，我们发现目前实施学习领域课程呈现出以下状况。

1. 教学资源方面

学习资料和实操设备缺乏，理论与实践分割的教学环境设计难以满足学习领域课程的理论与实践一体化的教学需要。

校本学习材料（教材）的缺失。调查结果显示，部分学校没有自主开发的学习领域课程以及相应的学习材料，有的采用的是其他学校开发的教材，有的甚至还在使用传统的分科教材；而辅助性的学习材料来源比较单一，教师依靠网上搜寻和教材配套的资料，而学生主要依赖于教师已经收集好的资料，缺少主动参与获取信息的动力和习惯。

实操设备数量的不足。只有少数被试表示是在3人或不足3人的情况下共同操作一台设备，绝大部分的被试表示在同一台设备上同时操作的学生达到4~9人，甚至9人以上，呈现出实操设备数量严重不足的状况。

2. 教师队伍方面

教师数量偏少，教学能力不够完善，缺乏相应的课程开发的经历与教学培训，难以适应学习领域课程提出的新要求。

教师数量不足。有40%左右的学生接受的仍然是单一教师授课的方式，60%的教师和学生仍然处于“平均一名教师指导20名以上学生”的境况中，这意味着大部分课堂的生师比超过1：20，教师数量不足难以保证教学效果。

教师教学能力不够完善。有70%左右的教师认为自己在操作能力方面不足，难以满足课程改革需要，有待进一步改善。同时，教师应用的教学方式和方法过于传统，讲授法、演示法等传统教学方法占有相当的比重，而行动导向的教学方法使用不够普遍。

缺乏课程开发机会与教学培训——教师参与到学习领域课程教材的开发和讲授的热情较高，

但缺乏课程和教材开发的经历和机会；并且对于一线教师的培训等级不高、形式单一、数量偏少，仍然更多地停留在对教学管理者的培训上，说明目前“学习领域”课程对于一线教师的培训明显不足。

3．教学管理方面

教学资源的安排难度加大。由于学习领域课程每次课的时间较以往更长，并且课程中工作任务完成的顺序有一定的规律性，而教师的数量和教学资源又十分有限，这就给教学管理在教学资源和教师的教学计划安排上造成了不小难度。

教师考评制度不够完善——学习领域课程所强调的理论与实践一体化对教师提出了更高的要求，而目前教师素质和能力又难以达到该要求，所以大部分学校采用理论课教师和实践指导教师同时参与到每次课教学的方式，来弥补单一教师素质和能力的不足。但这也给教师绩效考评带来新的挑战，在教师数量不足的情况下，如何合理搭配同组的两名教师？两名教师在课程中的教学时间和教学贡献的比重如何计量？对教师取得的教学成绩如何考核？这些问题摆在了众多教学管理人员面前。

面对上述问题，需要我们认真总结和思考，重新审视和理解学习领域课程，分析其框架性和教学条件的要求，建构相适应的条件平台，为更好地实施学习领域课程提供基础保证。

三、学习领域课程教学条件的要求及其构建

（一）学习领域课程的框架性保障条件

1．继续加大资金投入，注重试点校、示范校的建设以及教学和课程改革经验的推广

试点校、示范校的建设对于整个职业教育队伍起着很大的带头作用，也在职业教育课程改革过程中起着示范作用。在以工作过程为导向的学习领域课程改革的进程中，对这些示范校、试点校给予重视和支持，使示范校发挥它自身的示范作用，试点校发挥它的试验功能。课程改革是一项比较庞大的系统工程，涉及方方面面的工作环节，如教学设施的改善、师资的培训以及各种教研活动的开展等多方面，这就需要有一定的资金投入做保证。如果资金投入不足，那么课程实施所需的材料、设备、教材、场地等课程资源都难以保障，无法满足教育教学的正常进行。经费紧张一直是制约职业教育发展的主要外部因素，也导致了一些职业院校难以高效地进行教育活动，不能真正体现理论和操作实践的结合。所以，有关部门应高度重视此问题，并加大对进行职业教育课程改革学校的资金投入，使职业教育课程改革顺利进行。同时，对试点校、示范校在课程改革过程中取得的经验进行总结并推广，一方面肯定改革取得的成绩，来激励学校和教师再接再厉取得更大成果，另一方面也是让尚处于观望的学校有可借鉴的经验和成果，鼓励更多的学校和教师参与到教学改革和课程改革中来。并且加大对示范校实行监控和进行评价，促进和推动示范校的自身建设步伐，更能发挥带头、示范作用。

2．深化和推广“行动导向”的教学理念和理论与实践一体化的教学模式

“行动导向”教学并不是一种具体的教学方法，而是以行动或工作任务为导向的一种教学指导思想与策略，由一系列的以学生为主体的教学方法构成，如项目教学法、案例教学法、角色扮演教学法等。其最基本内涵是为了学生的行动而学习、通过学生的行动而学习，也就是说，行动导向教学模式通过现代教育所倡导的学生自主学习，促进学生职业能力的发展。以工作过程为导向的学习领域课程以建构主义的学习原则为基础，不把学习简单地理解为从教师到学生的知识传递，而把知识的获得视为学习者主动建构的过程。教师不再是知识与技能的传授者，而是更多地作为教学的咨询者和课堂教学的主持者。教学的重心由传统的教师的教转向了学生的学。

所以，当前职业学校和教师均应该转变教学观念，坚持“以服务为宗旨，以就业为导向”的原则，构建适宜“行动导向”教学的物质环境和文化环境，使得学校一切的活动均为了提高教学质量而展开。一方面，要改变原有分科授课的模式和资源布局，构建理论与实践一体化的专业教室，提高教学资源的利用效率，为贯彻“行动导向”的教学理念和实施理论与实践一体化教学搭建平台；另一方面，要组织高质量、切实际、范围广的课程培训，提高教师对学习领域课程的认识，通过参与课改课题、课程开发、教材编写项目提高教师素质与能力，促进教师专业化发展，以更好地实施理论与实践一体化教学。

3．建立并完善科学高效的教学管理体系，为

教育教学工作的顺利进行提供制度性保障。

目前教师的数量和教学资源十分有限，加上多名教师同时授课的方式，使教学计划的安排和教师绩效考核的难度随之加大，给教学管理工作带来了新的挑战，实践证明，学习领域课程的实施需要构建更加科学高效的教学管理体制，研究并制定相应的对策，以保障工作的顺利进行。

一方面，要重新审视课程规划与教学计划制定的可行性，在完善课程规划与教学计划时，既要考虑到课程本身对工作任务完成所需要的教学条件和教学顺序的要求，也要统筹班级数量与教学资源之间的不均衡状况，还要顾及教师课时量增加带来的身心压力变大以及可能引发的教学问题。

另一方面，科学地分析教师各自的素质与能力优势，从而使多名教师同时授课产生更优的教学效果，并研制相应的教师绩效考核制度，比如构建教师团队与总体教学效果挂钩的机制，激发教师组建合作式的教学团队负责某几个学习领域的教学，并引入如教师说课比赛、学生技能大赛、师生技能挑战等竞赛形式，既可以充分调动学生提高技能学习的热情，同时将学生的竞赛成绩与教师绩效考核联系在一起，又可以提高教师专研业务能力和为教师的考评提供参考依据。

（二）构建一体化专业教室，为理论与实践一体化教学提供保证

1. 学习领域课程对传统教室和实训室提出的新要求

在我国绝大多数的职业学校中，由于传统课程的设计方式人为地将本属于同一学习过程的学习内容割裂开来，将实践知识和理论知识归入到不同的课程体系，在空间上，这就使得职业学校的教学的教室和实训室存在差异，在时间上要分别进行，学生学习同一职业任务领域内的知识和技能要在不同的时间和不同的地点进行，造成了学生对理论知识和实践技能的感性分裂，也就必然难以培养出融合理论与实践于一体的技术专家。因此，职业领域内理论与实践的整合必须成为职业教育课程改革的核心。其中，最重要的前提就是在教学场所上的有机整合。

实施以工作过程为导向的学习领域课程多数情况下要应用行动导向的教学方法，其物质基础是理论与实践一体化的专业教室，它是师生进行模拟职业活动、实现学习领域课程目标——学生获得工作过程知识、提高综合职业能力的重要场所。一体化的专业教室不仅仅是包括课桌、黑板、讲台的传统意义上的教室，而是不仅可以满足理论教学的需要，又可以达到进行实践操作练习的要求，能够根据典型工作任务和学习情境的要求，为学生提供尽量真实的工作环境。在一体化专业教室中，将依据主要功能划分为理论学习区和实操学习区，以及存放工具和资料的备品区等。在实践学习的时间段里，教师首先将学生分成学习小组，布置工作任务，讲解工作要求、工具使用、注意事项等，然后学生开始到实操学习区开展工作，完成教师布置的工作学习任务，出现的个别问题可以在现场由教师指导或者在理论区进行讨论，而在操作中涉及必须的理论知识或是普遍出现的问题，教师在理论区为全体学生进行讲解。

这样，在空间上可以将教室和实训室有机整合，在时间上可以将理论与实践在同一时间段内穿插进行，可以让学生在同一时间段内相对完整地以完成工作任务为核心，使理论与实践有机地融合，通过与工作人员和教师的沟通、与小组成员的合作，完成一个个具体的工作任务，取得特定的工作成果，从而学习到相应的工作过程知识和技能，获得必要的工作经验，提高综合职业能力。

2. 目前职业学校构建一体化专业教室的主要困境

理论与实践一体化的专业教室是学生获得工作过程知识、提高综合职业能力的重要场所，其主要包括理论学习区和实操学习区，其设施布置的合理与否，对于学习过程、学习效果以及最终实现课程目标均有着十分重要的影响。针对目前职业学校的实际情况，将原有的理论课教室和实训车间进行一体化教室的改造还存在不少困难与阻碍。由于一体化的专业教室要能够实现理论和实践学习的双重任务，加上又要能够提供一定的学习和工作情景，所以在物质上对于教室面积或使用效率和设备的质量和数量均有着较高的要求。

首先，由于存在着理论学习区和实操学习区的划分，教室中除了课桌、黑板、讲台之外，必须要有相应数量的实操设备，并且其占有更大的

面积，在教室使用率上必然要比传统理论课教室高很多。而传统理论课教室和实训车间在建造时仅是按照单一功能的授课要求设计的，并没有考虑到二者皆有的布局，这使得一体化的专业教室在布局的设计和使用效率方面提出了不小的挑战。

其次，学习领域课程强调学生完成工作任务来源于对典型工作任务的提炼和转化，势必需要与企业一线设备更加一致或相似的实操设备，当然这也是任何职业教育课程模式均一致要求的，也正是当前多数学校缺乏的。职业教育与普通教育在教学层面最大的区别就在于实践性教学的存在，其不仅需要相应的使用周期较长的设备和工具，更需要一些实践教学中无法再生的一次性使用的加工工具、零件等消耗品，这些动辄上十万、上百万的设备和难以统计的教学工具消耗，使得职业学校在经费支出上要远比普通学校高出很多。而目前职业学校的公立性质，经费来源主要依靠政府投入。有研究显示，职业学校的经费投入至少应达到当地普通学校经费 3 倍以上才能够满足职业学校的正常运作以及取得更好的学习效果。而目前的状况是，只有少数职业学校的经费与当地普通学校的投入基本持平或略高于普通学校，而绝大部分的职业学校的经费均不及普通学校。这就造成了职业学校难以有更多的经费用于实训设备的更新和维护上。一体化的专业教室的构建势在必行。

3. 一体化专业教室的改造思路与解决策略

对于职业学校而言，经费是影响教学环境质量的核心要素，也是头等难题。在理想的状态下，构建崭新的一体化教学实训基地最利于开展学习领域课程的理论与实践一体化的教学，但是，针对目前职业学校普遍的设备少、资金难等问题，改造现有的教室和实训室，使之能够满足理论和实践教学的双重功能不失为可行的策略。针对教室和实训室的改造存在着许多不同，主要是由教室和实训室的改造成本和改造后的功能决定的。

对于一体化专业教室的改造要合理布局，有机整合，尽可能发挥现有资源的功能。发挥现有的教学资源的功能，就是要将目前的教室和实训室加以改造，有机融入新的元素，使其拥有一体化的专业教室的功能与作用。简单说来，就是要将传统教室中的黑板、桌椅和多媒体设备移植到实训室中，将实训室中体积较小、操作简单、任务单一的设备搬进教室，使二者其互补性地增加理论和实践教学功能，从而达到一体化教学的要求。

对于教室的改造，其思路是保证其理论教学功能不变的前提下，为提供学生进行简单的基础性工作任务为目的，并能够兼顾工作任务较为简单、环节较少、设备体积较小的实践教学。教室中划分出理论教学区和实践区。在理论区，应配备各种教学设备和多媒体、计算机辅助教学设备，实践区配备仪器仪表、设备模型和挂图表格等，教师在理论讲授结束后，立即进行演示实验，然后让学生在实践区进行演练。教室中桌椅的摆放以学生学习小组形式排列桌椅，大多为五六个人为一组，便于学习中的互相讨论和交流。在实践区，应保证每个学生或至少 3 ~ 4 名学生拥有一个实操工作台，以及相应的工具、设备等。有条件的学校，可以配备计算机辅助教学设备，针对专业教学，开发模拟仿真的计算机软件，进行计算机模拟训练，一是可以降低某些昂贵的实操设备较高的运行成本，也可以减少或避免由操作带来的危险。

对于实训室的改造，其思路是保证其实践教学功能不变的前提下，开辟出理论教学区域，能够完成在实践教学过程中遇到的必须讲授的理论知识为目的。在学习领域课程的教学中，教师要为学生创设一定的工作情景，并设计较为完整的工作任务，让学生在实践中获得工作过程知识。而在具体实践中，有部分内容涉及一定的理论知识，这就需要教师能够及时而准确地把握时机为学生讲授。所以，实训室要将原有的实操设备进行重新布局，腾出一定的空间来摆放足够数量的桌椅，以确保一个班的学生进行短时间的理论教学，或是针对实践操作中的具体问题进行集体讨论。在实践学习过程中，学生以学习小组的形式安排在实操工作台或设备前，教师布置工作任务，讲解工作要求、工具使用、注意事项等，然后学生开始到实操学习区开展工作，完成工作任务，对出现的个别问题由教师指导或者在理论区进行讨论，而在操作中涉及必须的理论知识或是普遍出现的问题，教师在理论区为全体学生进行讲解。

以真实设备和仿真模拟相结合的方式，以较少的占地面积和经费投入，使得传统的教室和实训室都拥有了理论教授和实践教学双重功能，学生不必来回奔波于理论教室和实习车间，减少了理论与实践的隔阂，提高了学习效率。

（三）提高教师素质是实施学习领域课程教学的关键

1. 学习领域课程对教师个体的要求

职业教育的培养目标是为生产、建设、管理、服务第一线培养适用的技能型人才，这就决定了中职教师不仅要具有本专业扎实的理论知识和丰富的教育经验，而且必须具备本专业较强的实际工作能力。学习领域课程倡导的行动导向教学以及多数中职学校采取的一体化的教学模式，无疑更加强调了教师要具备理论与实践的双重能力和素质，要求教师既要有较高的理论教学水平，又要有相应的实践经验或应用能力；既要精通专业理论知识和实践操作技能的联系和规律，又能像企业中的"师傅"那样示范并指导学生实践操作，且能将行业职业知识、能力、态度融合于教育教学过程中，使学生获得综合的职业能力。具体来说，学习领域课程对于教师的要求包涵以下几个方面。

首先，要求教师转变教育观念，以能力培养为核心选择教学内容，具有课程开发的能力，能将典型的职业工作任务转化为适合教学、具有教育价值的学习任务，并设计教学过程，以及为学生创设能充分发挥其潜能的学习情境的能力，使学生在行动中、在体验的过程中获得工作过程知识。

其次，要求教师要具有职业经验，了解企业的工作过程和经营过程。

再次，要求教师不仅要具备扎实的专业知识与娴熟的技能，还要了解相邻学科、相关学科及跨学科的知识与技能，并能将不同专业领域的教师联合起来进行学习领域的教学，即教师应具有跨学科和团队工作能力。

最后，要求教师对自身在教学过程中的角色进行重新定位，教师不再主要是知识的传授者，而成为教学的组织者、引导者、咨询者和评价者；学生也不再是知识的被动接受者，而成为知识的主动建构者。

2. 学习领域课程师资的困境

课程改革最大的动力来自教师，其阻力也同样来自教师。学习领域课程在实践推广中出现诸多问题，面临着许多阻碍，从教师方面来说，最主要有以下几个方面。

首先，教师数量与素质难以达到学习领域课程行动导向的一体化教学的要求。

调查结果显示，多数学生和教师所在的学校一体化教学方式采用2名或2名以上教师同时指导的方式，课堂上的师生比例大部分在1：20以上，平均每名教师需要照顾到20名以上的学生，70%的教学管理人员和40%的教师认为，目前的讲授学习领域课程的教师在数量上不能满足教学要求，反映出教师数量不足的状况。

同时，由于学习领域课程方案不再是按照学科的方式进行设计，而是以典型的职业工作任务来建构教学内容。也就是说理论知识和实践知识通过典型的职业工作任务有机地结合起来，教师只具有专业理论知识而不熟悉职业实践已经很难胜任教学工作。但调查结果表明，有40%左右的教师认为自身的操作能力偏弱，理论知识方面较好，有30%的教师认为自身在这两方面能力均偏弱，这就意味着有70%左右的教师认为自身在实践操作能力方面不足，很难胜任教学工作！这十分不利于学习领域课程的教学。

其次，教师工作量过多、心理压力较大，心有余但力不足。

如前所述，学习领域课程以工作过程知识为主要的教学内容，课前教师要查阅大量的教学资料，并为学生的学习提供可供参考借鉴的学习资料，课堂上又要尽可能地创设学习和工作情境，依照"信息、计划、决策、实施、检查、评估"这样完整的行动方式来进行教学，使学生在实践中获得工作过程知识，更好地形成综合的职业能力，而且大部分教师在课堂上要照顾到20名以上的学生，这使得教师备课和上课难度明显加大。同时，多数学校采取的一体化教学模式每次课的时间在90~180分钟，有的甚至更长。调查数据显示，75%左右的教师感到课时多、疲劳、心理压力大。虽然大部分教师认可学习领域课程的教学效果，也表示支持进行课程改革，愿意参与到改革中来，但是，客观的状况使得教师工作量过多、心理压力较大，这就意味着教师基本上是超负荷工作，这又如何能够带动起教师参与课改的积极性呢？长此以往，身心俱疲的教师又如何以饱满的情绪保证教学效果呢？

再次，教师对于行动导向教学方法的掌握与使用难以满足教学要求。

学习领域课程方案以培养学生建构或参与建构工作世界的能力为教学目标，以学生在实践中获得工作过程知识为核心内容，而不再把知识的传授和技能的训练作为教学的核心任务，这就要求教师要以能力培养为核心，设计教学过程、使用以行动为导向的教学方法。但调查结果显示，目前在讲授学习领域课程的过程中，传统的教学方法“讲授法”和“演示法”成为教师们最普遍采用和最为常用的教学方法，虽然有部分教师认识到了如“案例教学法”、“项目教学法”已经取得较好的教学效果，学生的兴趣和参与积极性较高，但是，此类以行动为导向的教学方法在实际中的应用还十分有限，这使得知识更多地来源于教师的语言和演示，学生很难通过工作情境下的任务完成获得隐含在行动中的工作过程知识，学生依旧是知识的被动接受者，而没有成为知识的主动建构者，这与学习领域课程的教学目标大相径庭。

3. 学习领域课程师资构建的设想

任何课程的改革最终都是通过教师来完成的，教师的素质很大程度上影响着课程改革的成败，这就需要对传统的以工程科学为导向的职教师资培养模式进行改革，探索以职业科学为导向的职教师资的培养新模式。学习领域课程方案的实施对教师提出了全新的素质要求，同时也对师资的培养提出了严峻的挑战。教师素质的提高与完善，与教师的职前培养与职后培训体系密切相关，而对于目前职业教育教师培养的机构相对缺乏、多数教师来源自普通高等教育而对于职业教育的人才培养体系和教学均相对陌生的现状，更是凸显了职后培训对于职业教育教师素质提高的重要性。所以，提高学习领域课程的教师队伍的建设水平和参与课程改革的积极性，主要依赖于多种形式的学习与培训，可以从以下几方面着手。

首先，转变传统教育观念，加强对先进的课程理念的学习，鼓励教师积极参与到课程改革中来。

学习领域的课程方案是以培养学生具有“广泛的、职业的、社会的和个性的活动能力”为教学目标的，使学生具有建构或参与建构工作世界的能力，这与传统的职业教育以培养学生的适应能力，即适应工作世界的能力为主要目的培养目标有很大不同。这就需要教师认真体会学习领域课程在其设计理念和课程思想上的重大变革，加强对课程理念的学习与训练，在思想上与课程的设计思路保持一致，并在教育实践中进行多层面、多角度的分析与反思，在反思中不断积累经验。同时，作为职业学校必须重视引导教师加强学习，把集体学习与个人自修结合起来，可以邀请课程改革专家、学者为教师们做专题讲座，向教师宣传职业教育改革的发展趋势及应对策略，并开展教师之间的学习体验交流与研讨，通过各种学习活动的开展，使教师对学习领域课程改革的目标、趋势及措施有了进一步的认识，增强了教师参与课程改革的使命感、责任感，激发了教师参与学习领域课程改革的主动性和积极性。

其次，研究教学，提高教研科研能力，鼓励教师投身于学习领域课程改革。

教师进行教学研究是提高教师专业教学素质的主要形式。职业学校的教研活动可以以专业、年级为单位，我们更加鼓励打破以学科、专业界限，开展跨年级、跨学科、跨专业的主题式的教学研究研讨会。因为作为一种跨学科的课程计划，学习领域课程方案的教学内容涉及多个学科，对于绝大多数教师而言，很难独自一人很好地完成对学生的指导工作，这就要求不同专业领域的教师联合起来进行学习领域的教学，必须与同事建立联系，关注其他专业领域的发展。跨年级、跨学科、跨专业的主题式的教学研究研讨会正是提供了这样一个平台和可能，在活动中，有计划、有主持人、有中心发言人、有围绕某一学习领域或学习主题的研究内容，教师有精心准备的发言材料，其内容可以包括观摩听课、课后集体评议、经验交流、进行案例学习研究等，以形成教师合作互动、经验分享的格局。同时，职业学校可以开展优质课竞赛、教研组活动竞赛等活动，为教师创设展示集体智慧和个人教学风采的舞台，举行形式各异的教学成果展示活动，使每位教师都能深入其境，得到锻炼、提高和发展。

参与完成教研、科研课题是培养教师科研能力，提高教师素质的重要途径。由于学习领域的课程方案只给出了系列典型的职业工作任务及其应教授的理论与实践知识，如何设计项目、选择适合教学的具体的工作任务则成为教师必备的能力。教师在参与学习领域课程改革的教研、科研课题的过程中，注重收集与学习领域课程课题研究的相关资料，加强教师之间的交流与合作，鼓励教师将研究的心得体会及时记录下来，边研究、边反思、边总结，使教师从中学习和掌握了教育、科研的基本方法，也提高了其反思教学、优化教学的积极性和主动性，培养了教师的研究能力、分析问题和解决问题的能力，使教师们深刻地认识到：作为学习领域课程的授课教师，必须从被动的课程执行者，转变为课程的研制者和课程资源的开发者，教学的组织者、引导者、咨询者和评价者，学生也不再是知识的被动接受者，而成为知识的主动建构者。通过学习领域课程改革课题的参与，促进教师的专业学习、研究教学工作、反思教学，提高教学质量和教学能力，对于教师的素质提升和对于教学的理解都具有相当的影响和作用。

再次，构建既分工又合作的教学团队组织，推动教师教学能力提高。

学习领域课程方案是一种跨学科的课程计划，要求教师具有团队合作的能力，教师要从个体的工作方式走向合作，不同专业领域的教师联合起来进行学习领域的教学，这就要求教师组成学习型组织——教学团队，共同探讨和制定学习领域课程的教学策略，制定方案，收集教学项目的信息资料，形成资源共享、互帮互助、团结协作的工作方式和环境氛围，更好地为学习领域课程的实施创造条件。职业学校可以骨干教师为中心，建立学习领域教学团队，一个团队负责一个或几个学习领域的教学。对于教学团队的建设可以学期或学年为单位分成三个阶段：第一阶段，让每名教师精专于一个学习领域或一项工作任务的教学，逐渐使其成为这个学习领域教学的“高手”；第二阶段，整个团队在保证“单兵作战”的前提下，可以让教师向第二个学习领域发起挑战，在已有的教学经验和成果基础上，不断完善该学习领域教学的经验总结和资料积累；第三阶段，可以让教学团队之间开展广泛的交流与合作，交换或改变团队的教学任务，使团队的整体教学能力再次提高。这样，经过几轮的教学实践后，每个教学团队和每名教师都可以胜任多个学习领域的教学任务，使教师提升了对课程整体的认识和把握。同时，学校应注意教师梯队建设，帮助团队中的教师制定晋升省、市、区、校级骨干教师培养计划，尤其要关注有发展潜力的青年教师的培训和发展规划，既发挥了骨干教师的引领和带头作用，又促进年轻教师不断向骨干教师学习并超越。既分工又合作的团队教学方式，增强了教师的归属感和工作责任心，更提升了教师的工作效率和效果。

最后，通过见习、实习等途径了解企业，增加教师职业实践经验，提升教师综合职业能力。

专业实践能力是职业学校专业教师最重要的核心能力。教师到企业生产第一线的实践进修是提高教师专业技能水平和实践教学能力的有效途径，也使教师了解企业的工作过程和经营过程等真实的工作世界，这样才能从整体联系的视角选择具有典型意义的职业工作任务作为学习领域，也才能在具体的工作过程中发现具有教育意义的学习任务，并且创设和模拟工作情境。

在具体执行过程中，职业教育相关部门、职业院校、企业和教师各方面都存在着不同程度和不同方式的困难与阻力，在政府行政管理层面，缺少教师到企业实践的可行法律法规保障和独立化运行机构；在学校层面，缺乏专业教师学年（学期）轮训方案、合理的实践计划和自主、个性化的实践方案以及进修经费分担机制和完善的教师评价制度；在企业层面，缺乏合理的利益补偿机制和紧密的校企合作制度与机制；甚至许多教师在对待到企业实践这一问题也存在着多种误区。

可以通过如下几方面的努力改变现状：首先，制定地方性法律法规使教师到企业实践制度化，重点明确企业、学校和教师各自担负的责任与义务和给予的税收优惠、经济补偿、经费支持和鼓励等问题。其次，建立相应机构保障教师到企业实践的时间和质量，工作包括专业、企业的选择、实践方案的制定、过程的监督与管理和结果的总结与评定等。再次，完善学校长期的教师轮训计划，包括学校整体规划、时间规划、人员规划和专业规划等。另次，建立深层次紧密型的校企合作，提高企业接纳教师实践的积极性。最后，可以制定个性化实践方案提高进修的目的性和有效性等途径来促进专业教师到企业实践。

新课程背景下城乡教师文化个案研究*

谢　塑
（江西师范大学）

当前，中国正经历一次前所未有的社会整体转型。置身于转型期急剧的改革之中，教育也必然需要作出相应的调整，以应对社会的转型。教师群体作为一个相对独立的群体，有着自身的文化特质，表现人们为在教育的语境中所生成和共享的关于教育整体或内部要素的基本假设、价值体系以及行为模式，其核心在于教育的基本信念和价值观。变革的过程其实就是一个冲突与调适的过程。学习化社会的来临及信息的多元流通渠道与高速的传输过程逐渐消解了教师作为学生唯一知识源的角色定位。在现代化信息的高速运行过程中，在一些较新的信息与技术的接收方面，“弟子不必不如师”，教师的知识储备和思想观念也会显得过于陈旧而亟待更新。这就断绝了师范教育可以使教师一劳永逸地获得终身够用的知识、技能和理论的可能性，“一次终结型”的教师教育体制的历史即将结束，“多次回归型”的教师教育体制正不断完善，世界范围内一致认为教师应该是一个专业化程度不断提升的职业。为了教师职业的专业化程度的不断提升，为了教师各方面素质的不断发展，教育行政部门为教师的培训及教学行为的塑造制定了详细的发展规划，理论研究者为教师的专业发展及教育理念的成熟著书立言，教师的发展受到制度与理论的双重规约。他们对于教师的从业要求和应具备的专业素养作出种种界定，对于教师应有的学术水准与生活方式撰文讨论，其思想可谓深邃，其观点可谓先进，但是，如果缺乏对于“自在”的教师文化的存在状态的关照，教师文化的传统特质往往会从根本上抵制外来的影响因素。因此，教师的专业发展要取得实质性的进步，至为关键的第一步就是教师文化的重塑。

一、研究目的与方法

教师文化重建的前提在于揭示教师文化的内涵与结构，在于对当前教师文化现状的描述。基于此，本研究所关注的主题是：教师文化的内涵与结构是怎样的？它是如何形成的？主要影响因素是什么？现实中的教师文化是一种什么样的状态？它们对于教师、学生和学校分别产生了什么样的影响？如何重建积极的教师文化？这一研究既具有理论意义，又具有一定的现实意义。我们主要采用质性研究方法，方法设计与最初有所不同。

课题研究总体上采用质的研究方法（包括历史文献研究、行动研究、叙事研究等方法）。研究过程中大学的研究者与实验学校的教师和管理者建立相互信任、经常沟通、相互促进的伙伴关系。在研究过程不断改进，共同提高。本研究将借鉴文化学、组织文化学、文化研究、文化人类学、文化社会学、文化解释学、后现代主义等倡导的精神，运用质的研究范式，对部分学校个案中“教师文化现象”进行描述、分析和解释，为建构教师文化理论提供资讯。

二、研究内容与结论

基于上述研究问题和研究设计，我们展开了为期三年多的研究，主要形成了以下一些研究结论。

（一）教师文化的理解与诊断

舍恩（1992）根据文化现象的外显程度把文化分为三个层次：创造物、价值观和基本的潜在假定（见表1）。这一文化层次理论成了本研究的重要理论基础。

关于教师文化，有多学者进行了以下一些

* 本文是作者主持的全国教育科学“十一五”规划教育部重点课题“新课程背景下城乡教师文化个案研究”（课题批准号：EHA060207）结题报告的部分内容。

界定，如：教师共享的信仰和知识（Wittrock，1986）；教师的精神现象和文化状况（俞国良，1999）；教师共同的意识、价值体系、行为规范、感知方式和生活习惯的综合，是一种“集体无意识”的存在方式（马云鹏，2001；杨明全，2002；佐藤学，2003）；教师共享的实质性的态度、价值、信念、假设和处事方式（Hargreaves，1992；郑金洲，1994，2000；冯生尧、李子建，2002；张晓瑜，2004），等等。上述定义的基本特点是：一是将教师文化还原为要素的集合，并把文化的现象与意义作为同一层次的文化组成要素放置在一起。二是多数定义只涉及了文化显象的某些方面，但没有注意到文化作为一个意义整体的存在。三是上述教师文化的定义似乎无所不包，涉及了教师生活的各个方面，但并未凸显文化的实质内涵，因而也就无法对文化作模式化、简约化的理解，也就无法捕捉到文化之根，并作深层次的分析与解读。

表1　文化的主要层次

层次	特征	内容	研究活动
创造物	易观察但难以解读	可见的仪式、角色和规则	观察/描述
价值观	个性化的，较难解读	策略、目标、哲学观等显性的标准	理解/分析
基本假设	无意识的，最难揭示	想当然的观点、想法、感情与信念网络	移情体验

基于我们所认同的文化观以及对上述教师文化概念的批判性分析，我们认为，教师文化是教师通过社会化或培训等途径学到的一套共享的基本假设、信念和价值取向，这些意义结构是该教师团体在生存、发展、适应环境以及日常经验和能力的内化过程中所学习到的有效经验，从而想当然地当做理解、思考和感受相关问题的正确方法，并传授给了新教师。教师文化的结构类似于冰山，部分显露于水面，部分深埋于水中。显性的主要是文化的表现形式，内隐的则主要为教师所共享的信念、假设和价值观等文化内容（见图1）。教师文化这一定义包括以下几个方面的具体内涵：一是教师文化的形成是经由一段共享的历史过程学习得来的。二是确定了教师文化的基本特点，揭示了文化模式化、稳定性和整合性的特点。三是这一内涵关注的是群体共享的行为或价值取向，而非个性化的、偶然性的、情境性的行为或价值取向。四是承认教师文化的多样性、多层次性。同一学校的教师因为所共享的基本假设不一样，可能会形成不同的教师文化群体。五是确认了教师文化的本体在于教师共享的基本假定，而不是外显的行为、价值观或信念。

教师文化是教师在教育教学活动中形成与发展起来的价值观念和行为方式。它主要包括教师的职业意识、角色认同、教育理念、价值取向及情绪的反应等。一般可分为三个层次：一是教师的信念和假设层次（隐藏最深）；二是价值体系层次（处于半隐半显状态）；三是行为模式层次（显性）。这三个层次相互构成一个整体。

为了理解文化内涵，我们还须了解其形成过程。教师文化的生成是有一个过程和转换机制的。例如，当一位优秀教师说服大家按照他所信仰的方法去操作，并且他的这一方法后来起作用了，于是人们认为这一方法是“好”的，并逐渐地启动了一个认知转换。首先，它被转换为一种共享的

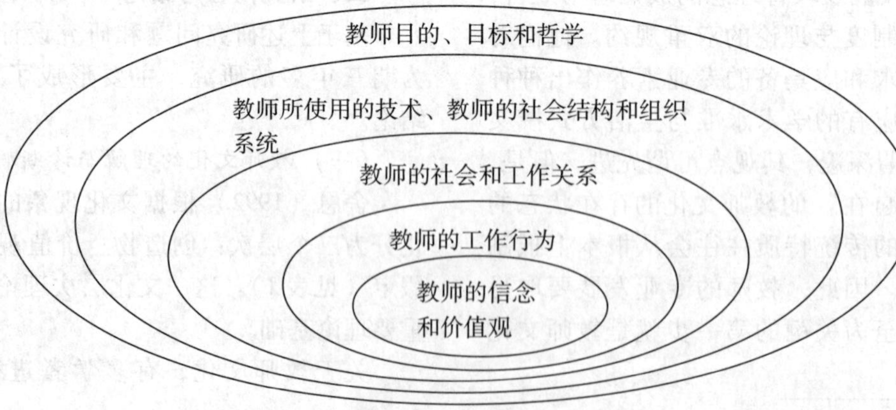

图1　教师文化的基本层次

价值或信仰，如果基于这些共享的价值或信仰继续获得成功的话，它们最终会转换为共享的假设。也就是说，当且仅当那位教师所提供的方法继续起作用时，这一转换过程才会发生，于是表明它在更为广泛的意义上是“正确”的并且须是这样的——该群体中的教师成员将试图忘记他们最初的不信任以及最初的争论和对立。当然，不是所有的价值都会发生这种转换。一是因为基于某一特定价值的方法或许不会可靠地起作用；二是价值所关涉的是一些不可控的、难验证的环境、美学或道德等方面的因素。而只有假设才是人们想当然的较为稳定的文化单位。为了理解某一群体的文化型态，解读文化的真正内涵，正确地预测未来可能的行为，我们必须充分地理解该群体基本假设的类型（Schein，1992）。文化的形成过程实际上是一个由“怎样做”、“应该怎样”到“当然要这样”的发展过程。

教师文化非常复杂。不同学校有着不同的教育资源、环境、价值取向和假设。同一学校也因为不同的文化信念和价值取向而形成了不同的亚文化群体。教师的信念、知识、情操和价值观构成了教师文化，这是社会体制作用的结果，包括社会、学校的各种要求以及这些对个体留下的经验。教师作为一种职业，有着不同于其他职业的文化，教师文化有着自己的规则、理念和主张。追寻教师文化的成因有助于更好地理解教师文化，重建教师文化。本文主要从社会，学校和个人三个层面分析教师文化的成因。就社会角度而言，传统文化、区域文化、社会期望、家长的诉求、学校的地理位置等，是教师文化的重要影响因素；从学校层面来看，学校文化、年级组文化、教研组文化、科组文化、学校的类型与级别、学校的领导风格和教师管理制度等，是型塑教师文化的重要力量；就教师个人因素而言，教师个人的成长经历、生活状况，教师群体自身的素质、风格、兴趣、习惯、气质等，教师对自身角色的体悟与认同程度，教师的情感等，是教师文化的重要成因。从这一视角可以看出，教师文化是流动的，多种多样。教师文化的流动性和多元性取决于他们的生活环境、学校关系和教师的个人履历。当然，也有学者认为，教师和学校的特点更多的是一致性而不是多元化。如古德莱德（1973）和布斯特（1983）都曾指出，无论是哪儿的学校，它们都存在一定的一致性。伯恩斯坦（1987）认为，教育实践和教育方针所呈现的强大的一致性成为占统治地位的意识形态。我们认为，教师文化既具有一致性而非多元化。

（二）教师文化研究的基本路向

从教师文化内涵中，可以看到教师文化表现丰富，既有显性的内容，又有隐性的内容。我们认为，研究教师文化需要将内容与形式看做一个整体进行探究。教师文化的内容是潜存于教师文化形式下的，我们必须通过对教师文化形式的解读，才能了解教师文化的内容。教师文化的形式是彰显出来文化的现象，主要表现为：教师在其生存和工作的场域中都做了什么，是怎么做的，为什么这么做？教师文化内容从深层解释了教师文化的意义，揭示教师文化在教育变革中会带来什么。因此，任何教师文化研究都不能偏离形式和内容。只有关注教师文化形式和教师文化内容的互动，才能全面了解教师文化。总体而言，教师文化的研究主要包括以下视角：1. 教师文化内容的研究，主要指教师群体所共享的假设、信念和价值观等，包括教师的语言，教师的假设，教师的信念，教师的价值，教师的思维方式；2. 关于教师文化形式的研究，主要外显的教师做事方式，包括教师的行为，人际关系，教师组织，教师的交往方式，教师的生活方式，教师的专业发展形式等；3. 关于教师文化特征的研究；4. 关于教师文化类型的研究；5. 关于教师文化研究方法的研究；6. 关于教师文化形成与影响因素的研究；7. 关于教师文化的功能与作用的研究；8. 关于教师文化建构的研究等。

（三）教师文化类型与结构

教师文化可以有不同的区分维度：1. 从功能分：进步文化与停滞文化；适应型教师文化与创生型教师文化；2. 从教师组织分：学科教师文化/年级组文化（强/弱年级组）/教研组文化（科组文化）；3. 从形式分：英雄主义/个人主义/派别主义/合作主义/单位主义；4. 从文化视角分：后喻型教师文化与前喻型教师文化；5. 从区域分：农村教师文化与城市教师文化；6. 从冲突的主体分：教师与领导之间的冲突，教师与教师之间的冲突，教师与学生之间的冲突，新老教师之间的冲突，重点教师与边缘教师之间的冲突，主科教师与非主科教师之间的冲突，专业文化与行政文化之间的冲突，教师与家长之间的冲突，班主任与学科教师之间的冲突等。

（四）教师文化的成因

文化的形成过程实际上是一个由“怎样做”、“应该怎样”到“当然要这样”的发展过程。

理解教师文化的生成路径是理解教师文化何以如此，如何重建的关键。由于教师文化的形成是一个复杂的非线性的过程，所以必然受到各种因素的制约。主要包括：1. 教师职业的本质与专业规范；2. 教师社会化和专业发展模式；3. 课堂结构；4. 学校建筑、空间设计与工作时间；5. 单位文化；6. 学校领导等。

教师文化是基于单位而生成的。因而，单位主义文化成了教师文化的重要母体。基于上述分析，我们可以形成以下认识。

1. 学校文化是教师文化的重要母体。一般而言，有什么样的学校文化就会有什么样的教师文化，它决定着教师文化的形式与内容。优质学校优在文化，学校成员共享了一定的信念和价值观，该做什么，不该做什么，学校文化对教师有着十分重要的影响力。

2. “内在的单位冲突”是“反合作”教师文化的主要根源。反合作文化的根源之一在于教研组与年级组之间的冲突。主要表现为：第一，学校基层行政管理权之争。第二，对教师业务引导的方向之争。第三，非正式组织之争。

（五）教师的信念

教师信念不仅仅指教师关于教学方面的信念，更主要的是指教师关于教育整体活动的信念。教师的教育信念是指从学生时期开始积存和发展，教师个体信以为真的、以个人逻辑和心理重要性（“中心—边缘”）为原则组织起来的“信息库”，它们是教师教育实践活动的参考框架。这些“想当然地认定为真的”信息库包括：关于个人经验或事件的命题与规范、关于教育与自身的非共识性的假设和理想，以及关于学生的认识等。这些信念包含了认知、情感、评价和行动的成份。它同样具有以下特征：1. 教师信念本身也是一个系统，其处于教师个体信念系统中的某一个层次；2. 教师信念也是以“中心—边缘”的方式组织，越中心的教师信念越难改变；3. 中心的教师信念发生改变会导致整个教师信念系统的变化。边缘的教师信念日积月累的变化也能导致中心信念的变化，进而转变整个教师信念系统；4. 有些教师信念能意识到，且能用语言有效表达，而有些则相反。5. 教师信念系统内部的信念之间存在着想当然的、假设性的半逻辑关系。

教师信念的来源主要包括个人经验与社会建构两个方面。关于信念的形成过程，多数研究指出，它主要经历了这样几个阶段：一是无意识阶段；二是信念的具体化和准反思阶段；三是信念的个体哲学化阶段。综观各项研究，我们认为，教师信念的改变主要受到了以下因素的影响。

1. 先前的信念与认知冲突。

2. 情感：信念的重要基础。情感决定了信念的保持或改变。如果没有理解情感在刺激信念变革当中的关键作用，那么促进教师信念变革的工作很可能是无效的。

3. 信念强度的影响。荆其诚指出了信念强度（strength of belief）是信念改变难度的影响因素之一。社会心理学家的研究表明，信念强度主要受四种因素的影响：（1）既成事实，指个人自身采取行动以后对自身态度的影响，即态度倾向于和行为保持一致；（2）公开声明。公开表明过的态度难以改变，因为那将意味着自我否定；（3）自由选择，比被迫作出的选择能引起更强的信奉；（4）嵌入程度，指个人实践一种观点涉足的深浅，涉足越深，信念越强，态度也越坚定。

4. 学校文化。俞国良指出，学校文化是教师效能感的主要影响因素。关于教师效能感的研究表明，教师的一般教学效能感随教龄增加而下降，这主要是学校文化与教师职业有机联系在一起的文化现象。教龄只是联结教师个体与学校文化的时间维度。

5. 学校同事。信念作为一种实践性指标，用来审视个人先前的经验以及一种“间接评价他所接受的教学方法”（佩科龙和托勒，1999），因而也是教师改变的重要评价指标。哈特（2002）指出，有研究者运用这一信念的定义，对参与一项旨在鼓励3~9年级的教师对教与学进行反思，以及强调采用建构主义理论相一致的方法等一项试验性的教师改变计划进行考察。四年之后，37名参与者应邀参与了相关经验的信念分享。37人中有29人在继续着该计划的使命，8名教师已经放弃。在这两组教师中，都相信三种因素是变革过程的手段：⑴合作；⑵依托项目的团队；⑶对项目所倡导的思想和行为的模仿。研究表明，学校同事在信念变革乃至最终的教学行为变革方面起着非常重要的作用。

基于相关研究，我们总结了以下一些变革信

念的基本策略：1. 重组教师工作的条件和结构。2. 鼓励学习者反思和揭示个人隐性的教学知识与信念。3. 让职前教师参与结构性的实践情境。4. 信息加工的信念变革模式。5. 检视个人带入课堂的隐性知识与信念。6. 重建大中小学关系。7. 理论与实践互动整合模式。

（六）教师的假设：教师文化的深层指令

教师的假设是教师文化乃至学校文化的深层指令，是教师一切行为与价值取向的源泉。教师行为背后的动机、方法的前提以及信仰系统都不同程度地存在问题，这些问题受制于教师思想中错误的假定。揭示这些假定是消除教师文化中消极因素的第一步。我们发现，教师思维中的错误假定不少，严重影响着教师的实践以及学校的变革与发展。

根据我们长期的观察与访谈，我们试图对教师文化中消极的基本假定作一些初步的概括、描述和解释。

1. 关于学生发展的假设。主要包括以下一些消极的假设，即假设学生的问题都是源自学生本人，学生的差异是先天注定的，与学校教育的负面影响无关；学生最不幸福的是因为考试成绩不理想；时下学生的个性、外在的行为方式和情感表达等都是不好的；生源是学校的生命线，好学校好在生源上；等等。

2. 关于教师角色的假设。主要包括：假设学校发展与己无关。假设校长负责制使学校权力相对集中，它把教师看成是学校的工具；教师是学校的雇员，是校长的雇员，是学校领导机构的一个"机械部件"；假设无原则地假设集体的利益是最高的价值，个人必须无原则地服从集体；假设学生的发展完全取决于教师教的好与坏；等等。

3. 关于教师经验的假设。假设教师的个人经验非常重要，成功的经验具有普适性。

4. 关于家长期望的假设。假设家长对学校的期望是唯一的，就希望自己的孩子在学校能考好。

5. 关于学校环境的假设。假设办学条件的优劣是教学改革的先决条件；假设学校的发展就是学校占地面积、学生数量、特级或高级教师的数量、学校设备更新、升学率、获奖人数、发文章、评职称等等数量与外延上的发展，为了人为地扩大"社会影响"而做表面文章。

6. 关于变革过程的假设。假设只有当学校全员的认识到位了，改革才可以进行，理念认识要先行。这一假设把认识与行为、理论与实践分离开来；假设学校变革是一些显性的成果。假设改革的过程与技术生产的过程是一样的，是可控的，是直线性的。假设改革可以简单地搬套他校或他人的做法。

7. 关于教育科研的假设。假设要进行应试，就不可能进行教育科学研究。

8. 关于学业成就归因的假设。假设学生学习成绩不理想的主要原因是学习态度和学习方法；假设学生的智能差异是学生发展的决定性因素，而且也是学生学习成绩差异的根本原因。

"揭示假设"实际上是为教师反思提供一面"镜子"。鼓励教师成为反思型实践者，这是当今教师专业发展的重要方向。只有不断反思教师的假设，才能揭示教师对教育的各种偏见和纠正教师行为的偏差。当然，教师的假设只是学校文化或教师文化的深层指令，这些错误的假定可能还受到更大的社会背景的影响。教师不可能改变社会，但通过反思即可带来对现有社会的正确认识，为培养民主的社会公民创造条件。反思是教师成长不可或缺的手段。只有强化学校与社会的合作，与社会携手共进，学校改革才可能取得成功。

（七）教师的价值取向

从价值哲学的范畴来说，价值取向指的是一定主体基于自己的价值观在面对或处理各种矛盾、冲突、关系时所持的基本价值立场、价值态度以及所表现出来的基本价值倾向。它是用以判断事物或行为好坏或者对错的标准，或是据以选择事物和行为的指涉架构。

教师的价值取向是教师文化的深层表征，是教师文化结构的一个重要组成部分，是与教师文化结构的其他要素相互联系的。它是教师的内部思维，不可能完全从行为上表现出来。在很多时候，我们会发现教师所想所做不完全是一回事，往往做了他们本来不愿做的事情。做过之后，心里总是"荡漾"着一种不愉悦感，一种惭愧感。这种感觉会使教师不断地拷问自己的"职业良心"，也常常使他们失去对职业的热情、希冀和崇拜感、自豪感、幸福感，渐渐地淡漠了自己的职业情趣，把教师工作看做"养家糊口"的比较"体面"的"差事"。当教师把这种职业价值取向整合进了原来对教师工作充满的那份崇拜感的价值体系中，就可能在教育实践活动中不断消解了那份刚入职的丰富多彩的职业情趣，把自己不断地打造为“教书匠”，以技术的好坏评定自己，靠“技术”吃饭了。所以，现在有许多报道批评教师人性化的缺失、职业操守的不洁，甚至还流行了这样的话，“公检法国地税，人民教师黑社会”。我们知道，教师的专业精神或专业情意是教师专业发展的前提，没有这个前提，就谈不上专业发展。教师的专业性格也是在专业情趣基础上经过实践培养起来的。失去了专业性格和专业发展的教师文化是“毒性”的。这种“毒性”的教师文化又坚固了教师的不良信念和价值体系，使教师文化走向相悖的发展方向。一个“良性”的教师文化会使教师建立一个正确的假设，形成正确的价值观系统。因此说，教师的价值系统是教师文化的组成部分，直接影响教师文化，同时，教师文化也会促进正确的教师价值系统建立。这也说明，教师的价值观体系是动态的建构过程，具有可塑性。

（八）教师的形象与气质

教师要有教师的样子。教师要有睿智、高雅的气质，这同样是一种重要的课程资源。这里的形象和气质既包括外在的形象，更包括形象中所透射出的人格和育人力量。基于我们对某农村中学的调查，我们发现，现实学校中教师更多地缺失了这样一种味道，如：1. 对教师职业缺乏认同。他们不少把自己的职业看做一种维持生计的饭碗，看不到他们对职业的热情和投入。2. 缺乏事业心。现在的中小学办公室学术气氛缺乏，教师在办公室里谈论的话题大多与教育教学无关，都是些家常、鸡毛蒜皮的小事，有的甚至是一些低俗的色情笑话。3. “做一天和尚撞一天钟”：缺乏进取心。教师过着“不知有汉，无论魏晋”的生活，教师每年重复着往年的事情，对他们来说看到的只是一些面孔的变化。他们的思想、教学的内容和教学方式即使在教育改革喊得震天响的形势下还是“穿新鞋走老路”。教师认为外面的世界再精彩也不是属于自己的，学校一些老教师上网是为了娱乐并非进行网络学习和了解外面的世界。对自己的职业缺乏创新也缺乏激情。4. 对待学生冷漠无情：缺乏热心和爱心。教师过分强调个人的主导性，以自身为中心，忽视了学生的主体性在掌握知识、形成良好品德中的作用。对于每点知识教师讲得清清楚楚，明明白白，不需要学生动脑去思考，这种“育婴式”的教育，从表面上看是教师事事关心，实质上是不重视学生的心理需要，忽视学生的主体性、个性、想象力、思维力和创造力的发展，剥夺学生真正思维、学习的权利。5. 僵化的师生关系。师生之间是一种机械的非情感的工作关系，教师也就失去了和学生的真正交流和交往。一些教师经常随意惩罚学生，惩罚的手段、方式多种多样，如命令、当众警告、罚站、驱逐出教室、请家长、打骂、讽刺，等等。这样的惩罚对那些表现不好的学生根本起不到教育警示作用，它带给学生的只能是身心上的伤害。这样的现象必然造成师生关系紧张，不融洽。6. 缺乏与家长沟通。学生犯了错，教师常见的招就是请家长。学生不明错在何处，家长却只能赔礼道歉。7. 经不起金钱诱惑——物欲熏心。获取自己所应拥有的东西是人之常情，但一定要牢记“君子爱财，取之有道”的原则，有些教师为了回扣，购买盗版资料，并且为了从中渔利不惜做有损教师形象的事情，出卖师德的事。有位离开校园的学生曾对笔者说：“我很看不起某某老师，前天晚上我爸爸请他吃饭，第二天，我就从最后一排调到第一排。之后，他对我的态度特好，可我总觉得他很虚伪、很势利。”8. 师表、师德意识淡薄——形象歪曲。很多教师不注意自己的形象设计，特别是有的年轻教师睡过头，早上头发乱蓬蓬的就去上课；很多教师上课随意性很大，在生活作风上拖拖拉拉，在工作中没有计划性和系统性、完整性，没有时间观念。有很多教师上课使用方言；有的教师不注意生活的细节，不仅在办公室抽烟，在教室也抽，并随地吐痰。各种与现代生活不符的不良习惯随处可见。9. 奉行“关门主义”。自己的课堂自己做主，不向其他的教师开放，他们是孤立的。传统的“文人相轻”和以量化考核为手段的教师评价制度造成的教师之间的和残酷的生存竞争，在表面的亲热下隐藏着仇恨，不是希望共同进步，而是希望别人落后；不是为了学生全面地发展而合作，而是为了个人的利益而勾心一斗角甚至大打出手；不是为了教育的有效性在学生面前互相维护而是为了个人的利益互相诋毁。

（九）教师的情感

教师的情感同样是教师文化的重要内涵。教师的情感对于课程实施具有十分重要的影响作用。积极的情感是有效教学的关键。了解教师的职业情感，对于改革调适、教师积极性的调动、良好师生关系的建立等具有十分重要的意义。在这一章中，我们着力于以下问题的关注：1. 为什么关注教师情感；2. 教师身份与情感的关系；3. 教育情感规则与教学中的情感劳动；4. 教师情感谱系的描述；5. 课堂的情感文化与教师的自尊；6. 为课堂学习创设积极的情调；7. 探究教学情感劳动中的情感隐喻；8. 教育中的情感、理智和信息交流的关系；9. 教师情感文化的意义与未来方向，等等。同时，我们重点思考了教师情感的重要方面——教师的牢骚现象。

（十）教师的研究文化

我们基于对南昌市十多所重点中学教师研究文化的调查，建构了当前教师文化的基本样态。主要表现为以下特点：1. 教师的研究文化为行政促成式的；2. 教师研究的内涵单一，方式简单；3. 单干主义现象严重，缺乏真正意义上的合作；4. 缺乏动力机制；5. 缺乏指导，较为盲目、随意，层次不高；6. 重技艺，轻内涵。教师究竟应该研究什么样的话题呢？他们正在关注怎样的问题呢？教师喜欢什么样的研究方式？他们如何参与研究呢？现实教育中的教师文化（如教学研究文化/课题研究文化/德育研究文化）是一种怎样的状况呢？他们正在做什么样的研究（被研究者/被研究）？作为现代教师，应该做什么样的研究？

（十一）教师管理文化

在这一部分，我们主要讨论了以下主题：学校管理教师的文化，学校检查文化，“导生”管理文化，教师管理学生的文化和学校会议文化。通过研究，我们发现目前学校管理教师的文化具有以下特点：1. 管理教师的制度不够灵活；2. 高压—恐吓文化；3. 人情至上的文化控制；4. 伤害教师人格的管理常发生。当前学校的检查文化主要有以下一些特点：1.“频检文化”严重；2. 造假应对文化。这样一种检查文化并非促进了教育的提升，反而干扰了正常的教学。当前管理学生的文化主要表现为以下方面：1. 容忍与包容；2. 智慧管理；3. 重视班级管理。

（十二）教师专业发展文化

在这一部分，我们主要关注了教师专业发展的愿景、取向和策略，重点关注了教师专业成长的内容，教师专业智慧的丰富（课程智慧、教学智慧、管理智慧、观课智慧）以及教师生活情趣的提升。通过对部分城市学校的观察、访谈和资料文件分析，我们发现目前学校课程与教学管理方面存在一些共同的问题：1. 教师专业追求低。通过观课发现，多数教师的教学目标在于“为理解和记住课本而教”，重记背，重应试，轻情感体验和方法引导，个别教师管理课堂的方式有待于改善，课堂教学的有效性有待进一步提高。2. 教师专业发展重视“控制”，相对忽视“发展”的功能。3. 校本教研的内涵与方式较单一。校本教研关注更多的仍然是以集体备课为主，集中关注对教材的理解、教学方法、考试、比赛或进度统一的讨论，对于教学内容的补充、拓展或创新方面关注不够，教研文化层次不高。4. 重视教师“教学”研究，相对忽视“课程”研究。事实上，“课程”与“教学”是一体两面的关系，教师是先思考“教什么”（即课程），然后才是“怎么教”（即教学）的问题。5. 教学常规中“管”的成分多于“导”的成分。注重形式而相对忽视意义。注重制度细化，相对忽视实施及其意义，对于方向性的制度引领相对较少。6. 校本培训只是青年教师的事情，缺乏对不同年龄教师专业发展的规划。7. 校本课程开发与实施仍有较大的提升空间。由于缺乏校本课程理论和开发技术的指导，校本课程停留在“课”的层面，缺乏课程整体的设计。8. 校本课程与教师培训没有很好地结合。9. 教学改革有些盲目。由于教学更多地依赖经验，缺乏理论的指导，因而学校或教师个人层面的教学改革较盲目。10. 学校课程与教学较为随意和碎片化。学校课程与教学缺乏一种“核心的精神”统领，因而缺乏一种适合学校本土的课程与教学特色，给人无“魂”的感觉。11. 教学愿景的层次不高。教育是一种理想事业。没有高远的教学愿景，很难出现层次较高的教学，很难培养有理想、高追求的学生。具体的课堂不一定要有固定的模式，但一定要有明确的育人理念和课堂价值取向。12. 教师对学科教育的理解较为狭隘。部分教师把学科教育的目标窄化为本学科教材的教学，显得功利、狭隘。13. 个别教学制度有些僵化，缺乏意义。14. 对教师读书的引领不够。如果校本教研要有突破，除了经验的交流之外，还需要有“外力”的帮助。这些外力一方面是大学教育专家，另一方面是教育经典名著。教师阅读是课程资源丰富的重要源泉。阅读是一种备课，是寻找课程资源的主要途径之一。教师的发展需要有“精神领袖”的支持。15. 教研组的功能未能得到充分的彰显。教研组应成为专业发展之家，成为教育智慧、教育激情的重要源泉。要超越个别教师发展的英雄主义，学校的整体发展依赖于教师集体的发展。

（十三）教师的社交文化

这一部分主要讨论教师的社会交往文化，包括：办公室场域交往的教师交往，生活场域的教师交往文化。

（十四）教师文化重建：教师改变的根本

Hargreaves指出，实践证明，教师改变是一项相当艰难的系统工程，要关注教师思想和实践的发展，就意味着全面地考虑教师生涯中的知识、信念、观点、态度、行为，兴趣和情感等各种因素，了解老师的工作环境及其文化特征。然而在教育变革实践中，我们不无遗憾地看到，人们更多地关注教育体制、教育结构上的调整和改变，而改革效果更持久、更有效的文化建构却相对不流行。事实上，正是这些学校组织和校园的文化状况，潜移默化地形成了教师的教学行为（操太圣、卢乃桂，2007）。

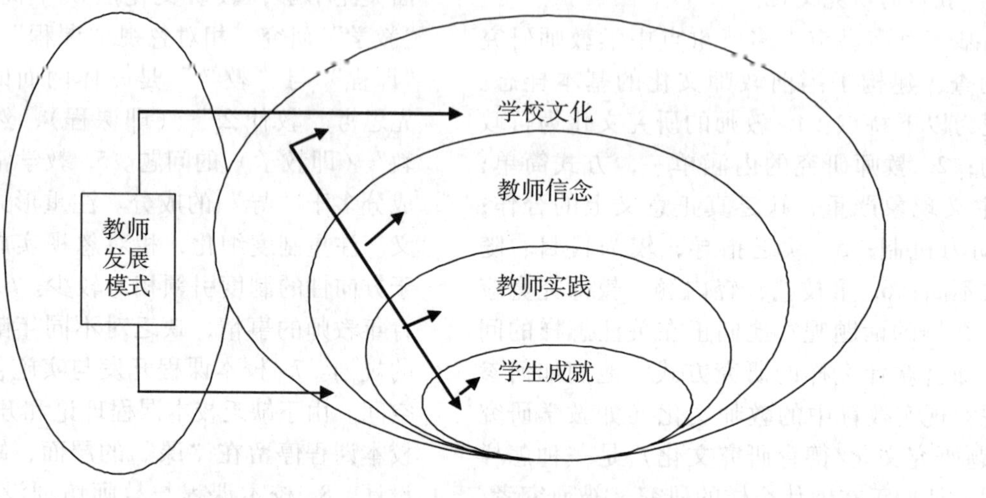

图2　McKenzie和Turbill的教师专业发展过程模型

McKenzie和Turbill在回顾大量有关教师学习和教师发展的文献后，发现关于学生学习、教师行为和教师信念之间存在这样一种关系：（1）教师发展是一个过程，而不是一个事件；（2）学生学习效果需要一段时间（常常数年）后才能在上述过程中表现出来；（3）教师的信念、理解和实践发生变化以后，学生的学习才会发生改变；（4）这些改变常常伴随着学校文化的明显变化。

根据上图所示，学生学习、教师学习和课堂实践之间不仅唇齿相依，而且共同存在于学校的文化场景中，学校因素在该模型中占据着非常重要的地位，所有关于学生学习的改进、教师行为和而今的改变等都是在学校的文化背景中进行了的。而且，学生学习被认为是其他各种因素所致力达至的目标，会受到外在的同样植根于学校文化节里的各个层面之间复杂互动善所影响和模塑。上述理论模型认为：（1）如果学生学习获得积极正向的影响，那么教师的教学行为必须首先改变；（2）教学行为进而由教师的信念所塑造，特别是关于教与学的观念以及教学的本质和目标的认识；（3）在教师的教学行为能够改变之前，教师必须有机会检讨和修订自身的观念系统；（4）学校文化产生对外和对内两个方向的影响。它不仅微妙地决定学校准备采取的教师发展计划的性质，而且会影响学校内部各个层面。

在一种权力分享、相互信任和共同承担任务，服务于校内所有学生的氛围中，教师们才可能不断改进教学方法和课程资源，创建一种支持专业发展的文化。建构合作性的学校文化，因此需要：

1. 赋权承责。通过赋予教师各种权力，培养教师的主人翁意识，调动他们积极参与学校建设的积极性。同时，需要找出学校全体职员合作参与学校决策的方法，包括非正式的组织、召开咨询会和建设教师委员会等。

2. 寻找方法重新对教师和行政人员的角色和权威进行定位。

3. 考虑重组教师群体，重新分配资源、时间和空间，以增加教师合作的机会。

4. 淡化校内竞争制度，营造民主和谐的合作氛围。

课程改革与学校文化之间存在相互制约的关系，学校文化是制约课程实施的主要因素，系统的课程改革就是学校文化的变革，新的基础教育改革蕴涵全新的学校文化要素。重建学校文化的核心就是建设合作性学校文化。课程改革可以看做是“冰山”海平面以上部分，只有同时进行其他相应的学校制度改革，如关注学校教师的集体提升，学校管理体制改革，考核评价机制改革等，才能支撑起海平面的那部分“冰山”，其他相应的学校制度改革就越有成效；露出海平面的那部分越大，意味着课程改革的效果越明显。而建设合作性的学校文化是学校整体发展的关键，因为一个人的力量做加法，集体的力量做乘法。

（十五）教师文化：学校变革的力量

教师文化既可能成为学校发展的动力，也可能成为学校变革的阻力。为此，我们需要思考教师文化究竟对学生文化、课程文化、教学文化乃至学校文化整体产生了怎样的影响。什么样的教师文化促进了学校的发展，什么样的文化阻碍了学校的发展。

通过对一所县级重点中学（以下称J中）的解读，我们试图揭示阻碍教师专业发展的主要力量。在J中，我们发现，存在着这样一种消极的文化系统，是它们成为了教师专业发展乃至学校整体发展的重要阻力系统。

1. 行政文化：教师专业发展的“地牢”。行政文化主要指学校管理者的做事方式，具体表现为他们的信念、价值取向和外在的行为方式。它反映了学校管理者的办学追求，与教师之间的关系，影响并决定着学校的发展方向。当行政文化十分强大时，它成为控制学校变革的主导因素。在J中，主要表现为以下几种力量：（1）非道德领导：毒性学校文化的中心。（2）“行政控制”：教师合作的障碍。（3）扭曲的校长负责制：专制主义文化。（4）“形式主义检查”：催生“应付文化”。

2. “小圈子”文化：反合作的根源。行政主导的教师工作方式不会超出领导的掌控。一般而言，领导要求做什么，教师只能做什么；领导方式是怎样，教师的工作方式也差不了多远；领导之间的不和也将成为教师派别主义的根基。

3. “憋屈”与“不安全”的师生关系：教师专业共同体的障碍。学生的在场与参与是教育过程的必要条件。如派纳所言：“学习，而非教学，是教育的基础。”学生对学校和教师的情感是学生具有积极和丰富体验的重要前提。如果孩子在学校过着没有尊严的生活，如果学生不能活得堂堂正正，他们很可能产生“反学校”的行为。学生的积极情感同样是学校教育的重要目标。

4. 低层次的职业取向：学校缺失教育力的根源。教师们反职业道德行为的出现，破坏了教师的社会形象。教师之间的专业交往淡化成了一种较为普遍的现象。教师之间的关系主要表现为权与利的分配关系，即教师的势力范围划定（班主任与科任教师之间的争权夺位），即课堂责任的区分、一些利益的分配；科组成员、年级组成员的权利、职责划定规则；主科与非主科教师之间的价值与地位；教师日常的谈话方式，等等。在J中，教师由不愿意做班主任到争先恐后做班主任，这其中有一种潜规则在左右，那就是“有利可图”。如班主任“卖”位置可以捞到不少钱。同时，班主任有一定的权力，可以“挑”科任老师，叫做“优化组合”。争当班主任实际上是为了争权力。

三、研究对策与建议

教师信念和价值观层面的改变才是最深层次的改变。因而重建教师文化是教师真实改变的重要前提和最终成果。有研究指出，转化教师的教育信念，是促进真正改革成功的关键要素，这就需要人们在进行学校改进时，深入检视学校组织和校园文化的准则规范，以及个别老师对待改革的态度和感受，并探究其中所蕴涵的文化意义，从而使得改革更可能趋近于“内在自生力量”的持续状态。这样，一旦改革成功了，就会为教师们带来征服感、成就感和专业成长的喜悦，而这种征服的喜悦，也正是教育改革成功最好的指标。

教师文化由教师群体共同创造，同时又成为教师做事方式的重要依据。教师文化的内容与形式构成了文化整体。教师文化是教师群体共享的假设、信念、价值观和做事方式的整合，它以冰山结构的方式存在，是一种多层次的存在，表现为：最基础层面是“假设和信念”，处于半隐半显层面的是“价值观”，显性层面的是“做事方式”和各种隐喻性的图腾等。理解教师文化不能只看形式，只看显性，更为重要的是看外显的行为所表征的意义。这种意义的追寻需要倾听“局内人”的声音。

基于研究，我们揭示了城乡教师文化的质量并不高，不利于教师、学生和学校整体发展的消极因素比较多。从教师的假设、信念、价值取向到教师的交往文化来看，仍然处于一种较为零碎的状态，缺乏统领的“魂”，或者说群体共享的教师文化根本没有形成，致使学校的味道不浓。重建合作的教师文化是学校健康发展的重要途径。教师文化的重建可以有不同的切入口，但需要将内容与形式统合起来思考，不能仅仅观照教师合作形式的建设而忽视合作价值观的传播与共享；不能只关注教师组织形式的建设，而忽视教师组织共同愿景的建设。同样，脱离形式来谈文化建设缺乏载体，往往会流于口号。

重建教师文化应成为学校改革的重要任务。教师的文化假设是学校文化的深层指令，而这些指令就像一只“黑手”，左右着学校群体的做事方式，揭示它们有助于了解学校变革的阻力和动力。教师的假设从某种意义上影响了教师的价值观。在价值观的冲突下，教师处于一种人格撕裂的状态中。正因如此，教师在做事方式上表现出依附性、冲突性、派别性等“准马赛克”型的文化样态。为此，重建教师文化，让学校成员拥有共同的信念和价值观是整合学校文化的关键。合作的教师文化将成为未来学校发展的重要平台。

关于教师文化的研究需要从以下两个方面进行深入努力：一是从多角度，多学科角度出发研究教师文化。二是立足学校实践层面，努力寻找教师文化的实践基础。

音乐学硕士研究生培养模式创新研究*

——以山东省音乐学硕士研究生教育为例

郑　中
（山东艺术学院）

培养模式是指人才培养过程的建构形式和运行方式，它包括为实现一定的培养目标而采取的课程模式、培养方案、教学方法、人才培养途径等要素组合，它所解决的是教育“培养什么样人才”和“怎样培养人才”这两个根本性的问题。培养模式的变革将促进教育体制的改革。本报告重点分析在知识转移和价值提升中的各重要环节，提出具体的培养模式，并为进一步提出相应的措施和创新对策提供理论依据。

21世纪是知识经济时代，顾名思义就是基于知识的新经济发展模式。它是一种以创造性智力劳动为主，以知识创新为中心的经济模式；是建立在知识的生产、分配和使用基础上的经济。

知识经济新的发展模式对现代研究生培养模式产生了重大的影响。知识经济使高校研究生培养主管部门需要重新审视研究生教育的地位、本质和功能，需要重新确立人才质量观和人才评价标准。知识经济使各院校充分认识到创新人才培养的重要作用，确定创新人才培养的知识结构、能力结构和素质要求，制定出创新人才培养模式的改革方案和创新人才培养的标准体系，全面提高学生的能力和素质，培养出基础宽厚，有竞争力、应变力、创造力的新世纪高素质尖端人才。

针对目前山东省音乐学硕士教育现状，发现问题、解决问题，改革目前的培养模式，调动研究生及其导师的积极性，努力探索新形势下研究生教育规律，尝试建立切实可行的山东省音乐学硕士研究生培养体系。坚持“牢固基础，拓宽视野，重视创新，培养能力，全面发展”的人才培养理念，着眼于服务山东经济社会发展和增强研究生自主创新能力。

音乐学硕士研究生教育要取得较大的发展，需要研究生培养单位、主管单位以及政府的共同努力。研究生培养单位要转变观念，进行研究生

* 本文是作者主持的全国教育科学“十一五”规划教育部专项课题“音乐学硕士研究生教育体制创新研究”（课题批准号：GLC070048）结题报告的部分内容。

教育制度上的创新，政府以及研究生主管部门也要给予政策上的扶持。研究生培养单位、主管单位以及政府要完成创新团队的建设、创新环境的构建、创新机制的建立以及创新模式的探索等任务。

一、培养模式特征

硕士研究生培养模式是在硕士研究生培养过程中科学的思维方法和教学方法，是在一定的教育思想和教育理论指导下，为实现硕士研究生的培养目标，把诸多教育要素优化组合起来的复杂系统。硕士研究生培养要素包括：硕士研究生培养目标、招生及学制、课程设置、科学研究、导师指导和培养考核、社会实践等。各要素环节的运行都是依据硕士研究生的培养目标决定，并为培养目标服务。培养目标的确立是依据社会对人才的需求，培养出的人才最终为社会需求服务。

音乐文化艺术事业的发展是同经济发展相适应发展的必然结果，中国的改革开放使中国经济有了一个飞速的发展，直接带来了社会结构、社会文化、生活水平和价值观念的大幅度更新，同时文化体制的改革、音乐生活的变化、音乐边缘学科的发展，使音乐学培养实际面临着重大改变。有关音乐学各分支学科，如音乐史、传统音乐、音乐分析、音乐欣赏、音乐美学、音乐教育学等在不断渗透，其他应用性音乐学学科，如音乐评论、音乐医疗、音乐工艺、音响工程、音乐考古、宗教音乐、音乐学术和普及性活动的策划组织等都会对音乐学相关人才培养有相应的需求量。

从教育的发展规律出发，基于全球经济一体化发展、市场经济发展、高等教育大众化、终身教育等理念的各个因素相融合。“和谐社会”、“文化软实力”的发展要求都表明，音乐专业的人才培养应目标明确，特色鲜明，具有完整的教学体系，使音乐学专业毕业生质量高，竞争力强。在新的历史机遇和挑战面前，怎样面向社会音乐领域及新兴音乐产业，创建符合音乐学发展规律与特色的教育体系与模式，培养具有创新特点的音乐从业人才，是迫切需要解决的问题。

（一）音乐人才培养定位

1. 加强专业性——培养研究型音乐人才。山东省是人口大省，但是却是文化发展相对缓慢的省份，专业的音乐人才极其匮乏，高水平的音乐教师队伍亟待建立。

2. 注重创新性，体现学科交叉性——培养多元化知识结构的音乐人才。目前高校普遍存在创新激励不足的问题，学术交流较少，实用性的音乐交叉学科极少。

3. 应把培养研究生科学研究的素质和创新能力作为研究生教育的核心。目前研究生普遍科研能力薄弱，音乐研究生尤为突出，现有教育模式导致学生缺乏创新能力，创新方向不明。

4. 重视民族音乐学的发展以及非物质文化遗产的保护与传承。音乐文化是发展文化事业与文化产业必不可缺的重要组成部分，在建设山东文化大省向文化强省的转变过程中，我们应注重对齐鲁音乐文化的整理、挖掘、保护与研究。因此，重视民族音乐学的发展，多培养民族音乐学方面的人才，这不仅是山东省建立经济大省、文化大省、和谐大省的需求，而且是建立“大而强、富而美”新山东的需求，对于推进民族音乐的发展与创新具有非常重要的现实意义。

（二）对音乐研究生的能力要求

新时期的硕士研究生培养模式，要以知识创新和综合能力提高为主要目标。研究生培养模式要做到：目标的多样性、学制的灵活性、课程的选择性，导师指导方式、考核手段的多样性全方位变革。其中重点在学习能力、科研能力、创新能力、协作能力、实践能力这五大能力的提升。研究生培养要国际化与本土化相结合，要与经济发展相适应，要注重创新与继承的结合，不同硕士研究生培养模式体现的是当代不同社会发展的需要。

1. 学习能力。知识接受能力，新时期信息技术高速发展，知识处于爆炸阶段，对学生的自学能力、接受新知识能力提出了更高的要求，要求学生能够自己学习、快速学习，掌握学习的新方法。作为音乐学人才最重要的是要具有独到的思想与判断力，思想上有独创性，这就要培养研究生具有较好的分析能力、归纳能力、演绎能力和学习能力等。

2. 科研能力。重视对研究生的科学研究方法论的具体指导和教育。加强对学生具体研究方法论的教育，可使他们尽快掌握具体研究方法，把握知识的运动规律，缩短探索过程，提高独立科研能力。

3. 创新能力。研究生不同于本科生，需要更多的创新要求，知识创造比知识学习更难，因此要求研究生在学习过程中充分了解创新的过程、掌握创新的方法，具有独立创新的能力。

4. 协作能力。现代的知识学习与研究要求更多的是团队合作，因此研究生学习阶段就要培养团队精神，学会合作。对于诸如民族音乐学、音乐社会学等与社会科学密切相关的学科以及音乐史论中有关社会文化背景研究的学习，还必须涉及人类学、民俗学、社会学乃至政治学、法律学和经济学等社会科学的学科内容，因此现代的研究生学习要求必须多学科协同。

5. 实践能力。理论联系实际是研究生教育的主要任务之一，必须通过加强研究生实践性教学，来改善和提高研究生发现问题、解决问题的能力。利用社会实践机会与社会联合培养研究生，加强研究生理论联系实际的能力，培养研究生的创新能力。

二、培养模式创新

（一）研究生培养的四层次模型

经过对目前研究生培养模式的现状分析，提出基于创新视角下的研究生培养模式变革。研究生培养过程及培养模式的研究必定涉及研究生培养过程的分析，解剖研究生培养过程，有助于我们分析现有模式存在的问题，寻求阻碍创新的要素，同时在研究生教育的各环节引入创新要素，改变培养模式。

下面提出研究生培养过程的四层次模型。

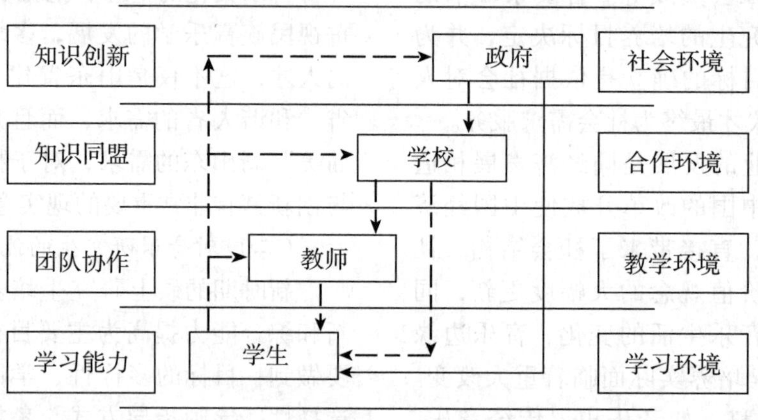

图1 研究生培养过程四层次模型

研究不同模式，就是要分析图1中主体之间的相互关系、不同的环境要求、不同的知识转移方式，分析知识转移过程中各要素起到的作用与相互关系，不同的培养模式适应不同的培养机制。在这其中包括主体、环境、知识三大分析要素，政府、学校、教师、学生四个层次，不同层次有不同的知识转移与知识共享的要求。弄清影响创新的要素，以及要素之间的关系，有助于我们在研究生培养过程中加入创新元素，改变过去的培养模式，提出创新模式。

主体：政府、学校、教师、学生

环境：学习环境、教学环境、合作环境、社会环境等

知识：学习能力、团队协作、知识同盟、知识创新

现代社会各层次各岗位所体现的价值观念、专业或职业知识和能力、运行方法方式等，是多种多样的。只有多样化的研究生培养模式，才能使社会需求与个人要求的两个多样性得以统一和实现。研究生培养模式的多样化不仅是高等教育历史发展的产物，而且是符合社会发展需要的现代研究生教育的本质特征之一。

（二）五种创新培养模式

在这里，提出以下五种创新培养模式。分析每一种模式的特点，分析价值链中的不同要素所起的作用。

1. 协同培养模式

该培养模式强调知识转移过程中各知识传送主体之间的协同，强调了知识共享联盟的建立。在社会、学校、教师、学生之间建立知识共享机制，创造良好的知识转移与知识共享的内部和外部环境，因此在该模式中，研究生的培养更多关注研究生与各有关主体之间的知识共享。各种创新政策和创新教育方法均围绕知识共享展开。以

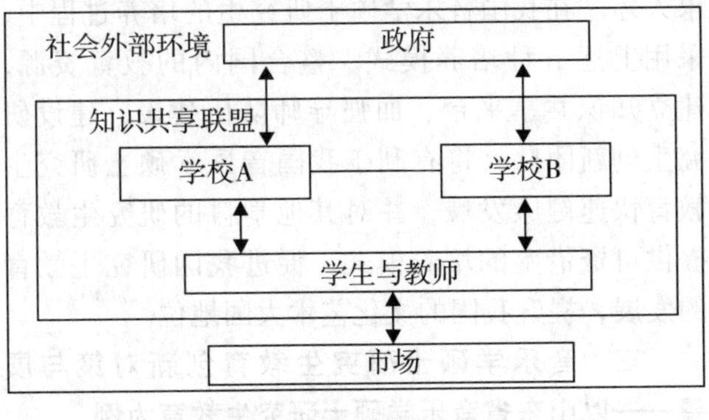

图2 协同培养模式图

这里提出的协同培养模式为基础，在山东省建立音乐学知识共享联盟，形成互动机制，包括教师的流动、学生的学分互认、定期的学术研讨、不同学校的导师共同培养学生等都是该模型的具体应用案例，或以此为理论依据。这种培养模式是要建立高校的创新协同机制，为学生搭建能够接受多种优势教育的平台，有利于学生全面的知识结构与能力的培养与提升。

2. 全过程创新模式

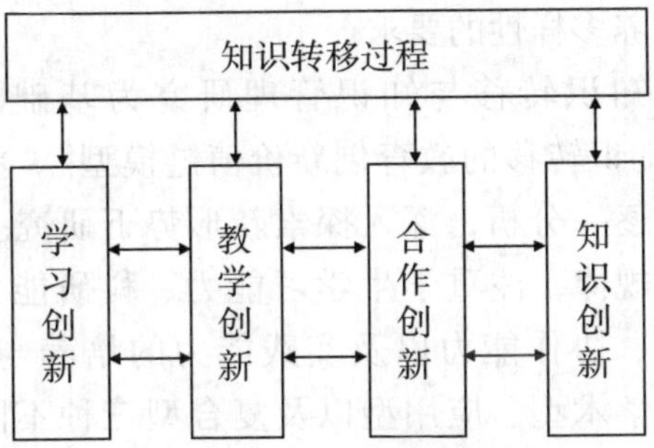

图3 全过程创新模式图

该模式强调的是知识转移的“全过程”创新，其包括学习创新、教学创新、合作创新、知识创新，四种创新相互关联、相互影响。创新无处不在，研究生教育创新可以涵盖教育的每个环节，因此该模式要求将整个研究生培养过程分解，认真研究社会需求，把握目前教育模式中存在的问题，全方位创新教学环节，提升学生的创新能力。这就要求全社会、全体教师与学生都具有创新理念与精神，形成人人参与创新的全员创新机制。

3. 团队学习模式

该模式强调的是学习型团队建设：学生团队、教师团队、学院联合、不同知识分类下的协同学习。知识爆炸时代，知识更新迅速，我们要求研究生必须善于学习，包括自学与团队学习等。对于学院而言，改变过去封闭办学的模式，建立不同学院之间学科的学习具有重大意义。该模式强调的是在知识学习的组织模式上进行变革，倡导“团队学习”，因此研究生教育的各环节都围绕建立学习型团队来展开。

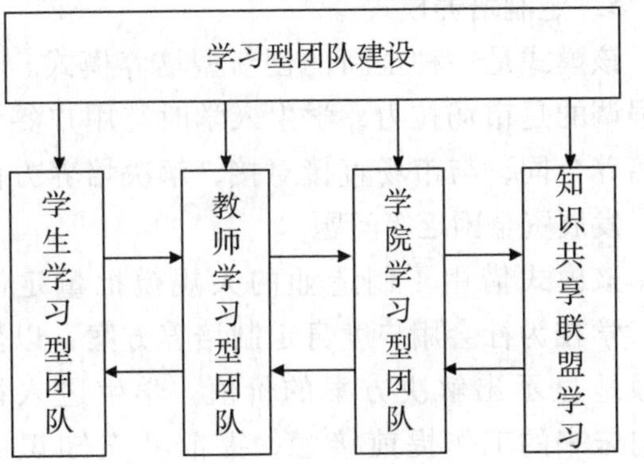

图4 团队学习模式图

4. 定向培养模式

随着科学技术的发展和人类社会的进步，研究生教育活动进一步呈现出多样化趋势，研究生的培养目标亦相应发生变化，现概括为以下三类。

学术型研究生培养目标：注重理论研究，培养尖端科技人才，为高校、研究院等培养人才。

应用型研究生培养目标：注重实际技能的培养，面向实际应用培养人才，提高实践能力。

复合型研究生培养目标：注重理论与实践的结合，注重培养“多面手”。

目前，世界各国的研究生培养模式已呈现出多样化的特征。如何实现培养模式的多样化？我们认为，在研究生教育理论与教育实践中，首先分析市场需求，确定研究生培养方向，分类细化，确定培养方案，定向培养。这要求充分把握社会需求，划分大的培养类型，突出重点和难点，使培养更有针对性、学习更有方向性。该模式强调市场需求与学校培养过程的互动。

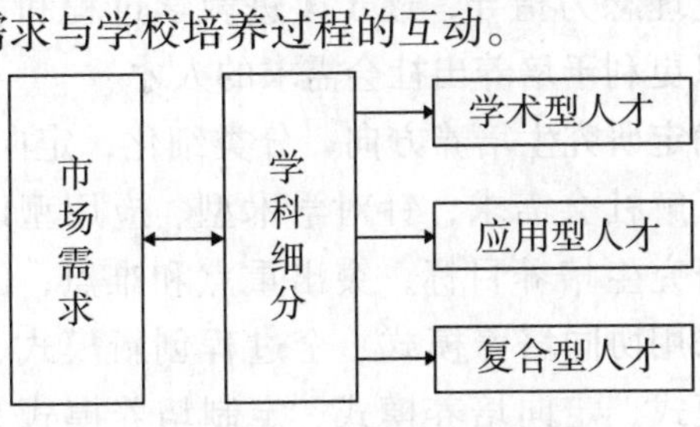

图5 定向培养模式图

5. 定制培养模式

该模式是一种全新的创新型培养模式。该模式强调的是市场拉力，学生入学时与用户签订联合培养合同，与市场直接对接，解决培养方向不明、发展资金困乏等问题。

该模式借用了制造业的大规模批量定制理论：学校为社会用户度身定制培养方案，以便最有效地显示出解决方案的价值。学生进入社会前对未来的工作提前接触，提前补充知识的不足，培养的人才更有针对性，工作后很快适应工作。它是研究生教育培养模式的创新，是教育思想的变革。教学理念上完全符合现代教育发展潮流。

按需定制：按照市场需求制定研究生特色培养方案，确定培养模式，这是一个前馈过程，学生的培养方案充分体现市场需求。

围绕学生开展教学：根据市场需求，所有的教学工作都围绕“学生”的特色目标开展，突出了服务的主体。

根据市场需求制定考核目标和培养模式：不同的市场需要不同的培养模式，需要不同的考核标准，而不是现在的所有学生一种教学模式、一种考核标准。

应用实践过程：在学生学习过程中加入应用实践过程，学生深入到需求单位实践，在实践中发现知识的不足和新需求，这种实践更有针对性。

培养模式修改：这是一个负反馈过程，学生经过应用实践环节与用户需求相比较和考评，找出差距，以此为依据，调整培养模式和方法，使学生更加符合用户需求。

尽管这种模式含有很多“前沿”的理念，在教学中全部实施还有很大的差距，但是，这是符合时代发展的方向和趋势，我们可以在教学过程中以此理念为指导，逐步改进教学过程和教育体制，以更利于培养出社会需求的人才。

确定研究生培养方向，分类细化，定向培养，充分了解社会需求，针对学术型、应用型以及复合型研究生培养目标，突出重点和难点，因人而异，采用协同培养模式、全过程创新模式、团队学习模式、定向培养模式、定制培养模式等不同培养模式，使培养更具有针对性，培养出社会需求人才。在我国音乐学硕士研究生的培养过程中，采用上述五种培养模式，整合国内的教育资源，建立知识共享平台、加强导师队伍建设，建设研究生创新团队，将有利于我国音乐学硕士研究生教育快速健康发展，并对其他学科的研究生教育提供可资借鉴的培养模式，促进我国研究生教育的发展，提升我国的文化艺术大国地位。

三、音乐学硕士研究生教育创新对策与展望——以山东省音乐学硕士研究生教育为例

进入新世纪以来，山东省音乐学硕士研究生教育得到了快速发展，学位点建设与管理不断完善，研究生数量稳步增加，培养质量持续提高，教育管理日趋规范，研究生教育的影响力日益扩大。通过对省内七所院校的问卷调查显示，目前在招生环节、培养环节以及论文答辩等环节与国内外一流大学相比还有较大差距，优秀导师的数量有待增加，研究生的自主创新意识及能力尚待提升，校园创新文化氛围有待创建，开放式研究生培养体系建设尚需加强，管理制度还不能适应人才培养多样性的要求。

以知识转移与知识管理研究为基础，通过“基于知识转移的教育创新价值链模型”，将教育各环节逐一分析，深入探索新形势下研究生教育的发展规律，注重学生学习能力、科研能力、创新能力、协作能力以及实践能力的培养与提高，立足于学术型、应用型以及复合型三种不同的培养目标，利用前述协同培养模式、全过程创新模式、团队学习模式、定向培养模式、定制培养模式的理论为依据，实行开放式办学，以培养高素质的创新人才为根本，深化改革，推进创新，全面提高我省音乐学硕士研究生的教育质量。

在《山东省音乐学硕士研究生教育现状问卷调查》结果数据分析基础上，通过对山东省七所院校在招生环节、培养环节及论文答辩（学位音乐会）三个方面所作的剖析，把握山东省音乐学硕士研究生教育现状。针对目前存在的不足以及新时期音乐学人才培养模式的需求，尝试提出以下创新对策。

（一）建立山东省音乐学知识共享平台

1. 齐鲁音乐研究网

网络的快速发展为研究生的学习提供了全新的手段。为了给山东省内音乐学硕士研究生提供

学术资料以及学术交流平台，实现资源共享，山东艺术学院音乐研究所将整合教学资源，建立齐鲁音乐研究网。目前，该网页设计已完成，并将于近期开通试运行。

山东省七所院校音乐学硕士研究生以及导师都可以通过各自的用户名和密码登录齐鲁音乐研究网，查阅相关学术资料，进行学术交流，解答学生的问题等。相信共享平台的建立，将极大提升学校的知识共享能力以及知识的使用效率，对促进山东省音乐学研究、教学及音乐文化服务山东具有重大意义。

高校校园网的建设、连接各高校校园网的教育科研网络、中国公众数据网等现代通信网络及发达的信息技术为各校园间的远程教学提供了有利的网络支持和硬件基础。基于网络互连的远程教学将有利于开拓教育空间、突破教育的时间概念、扩大教育对象的范围、变革教学方式、丰富教学内容，有利于提高我省音乐学硕士研究生教育的质量。

2. 名师课程

为深化教育体制改革、提高教学质量，山东省七所院校可以经过评比讨论共同认定名师课程。名师课程将成为人才培养的重要载体，通过共享优质教学资源、共享优秀教学科研成果，发挥示范和辐射作用，促进其他课程建设的发展和教学改革，提高我省音乐学硕士研究生的教育质量，实现教师资源的共享。

3. 学分互认

山东省七所招收音乐学硕士研究生的院校，在相同或相近的学科专业之间，经教学内容、人才培养理念等方面的协议论证后可以实施学分互认。学生可以在这七所院校中选择自己感兴趣的课程进行跨院校学习，结业通过后所修的学分可以计入自己的总学分。这种做法有利于促进教育资源的优化配置、实现学校间的资源共享，有利于充分满足学生的个性化发展需求，实现教学共享联盟。

4. 交换生

山东省招收音乐学硕士研究生的院校之间可以互派短期交换生，交换生们将通过接收和选派，到双方的音乐学专业优势研究方向学习，享受对方院校学生的相同待遇，同时两校互相承认学分。短期交换生的学习期限为半年到一年。这种做法有利于依托双方学校优秀的教学资源，为学生提供多样性、个性化学习的平台，使学生得以汲取不同院校的文化给养，从而有利于学生的全面发展。

（二）重新修订研究生培养方案

以《中华人民共和国学位条例》及其实施细则、教育部的有关文件为基础，结合协同培养模式、全过程创新模式、团队学习模式、定向培养模式、定制培养模式的理论依据，大胆吸收与借鉴国内外先进的研究生教育经验和成果，通过培养目标的重新定位与调整、课程设置的优化、教学内容的更新、培养方式的改进、培养途径的丰富、导师负责制的完善与落实、监督考核与激励机制的强化，构建具有音乐特色、齐鲁地域特色，层次分明而又互相衔接、完整而又开放的研究生培养模式。

（三）导师队伍建设

完善研究生导师遴选机制。通过制定相应的评价考核体系，大力选拔具有公认学术水平、丰实学术成果的年轻教师进入导师岗位，优化导师队伍结构。

1. 强化导师培训、激励、约束和考核机制。定期举办导师培训，加强国内外学术交流，为导师提供进修和国内外访学的机会；加强对导师的激励、约束与考核，通过检查、考核、评估等方式，对认真履行导师职责、成绩显著的导师，在评定校、省、国家级奖励中予以优先推荐，在晋级、专业技术职务评定等方面予以优先考虑，并给予相应的物质与精神奖励。通过制定一系列奖惩办法，营造一种积极向上、奖惩分明的良好氛围。

2. 加强合作导师队伍建设。聘请中央音乐学院、上海音乐学院、中国艺术研究院音乐研究所等高水平大学、科研院所、政府部门以及艺术团体中实践经验丰富、理论水平高的人员担任合作导师。

3. 实施导师负责制。充分发挥导师在研究生课程教学、论文答辩（学位音乐会）、质量控制中的主导作用。课题组尝试在本课题的后续研究中，构建研究生创新评价体系，通过对评价目标的制定、评价客体的选择、评价类型的确定、评价指标体系的制定、评价程序、方法的使用以及评价结果的处理等方面的研究，创新性地提出“基于专家系统的多层次模糊评价模型”，构建以学生“学习能力、科研能力、创新能力、协作能力、实践能力”提升为目标的三级（一级5项指标，二级15项指标，三级75项指标）指标体系。导师可以通过该评价体系对课程学习、艺术实践、学位音乐会、学位论文等研究生培养的各环节进行实施监控，获得定量数据，从而加强研究生学术品德培养，落实学术规范、学术道德教育，提高研究生教育质量。

（四）研究生培养基地建设

1. 基地建设

创新源于实践，特别是对于音乐学科，在学校封闭式的环境中很难培养出高层次创新人才。要培养音乐学高层次创新人才、创新研究生培养模式、提高研究生培养质量，必须建设音乐学研究生培养基地，将理论学习与创新实践紧密结合起来。

在研究生培养基地建设中，要努力探索产学研相结合的创新与应用型人才培养模式。一方面为学生走向社会、接触社会提供各种机会，丰富学生知识，拓宽学生视野，为学生个人的发展提供更为广阔的空间；另一方面，学校充分吸纳社会资源办学，以培养高层次复合型、应用型人才为目标，积极开拓社会合作办学的渠道，从而实现研究生教育向社会需求的自然延伸，同时也为学校的教学与科研上层次、上水平、上效益发挥重要作用，增强学校的整体办学实力。

2. 省级重点项目承接

省级重点课题的承接有利于产学研的结合，有利于知识的增值，尤其是目前山东省发展文化大省向文化强省的转变，提升文化软实力，这是我们的发展机遇，对音乐学硕士研究生教育提出了更高的要求。借助于文化产业的发展，大力发展弘扬齐鲁文化，研究生教育紧密结合国家文化大发展大繁荣的要求和形势。近期，山东艺术学院承担了“齐鲁音乐文化研究”这一山东省社会科学规划重点课题，课题从齐鲁音乐发展简史、齐鲁音乐考古文化、祭孔仪式音乐、山东道教音乐文化、鲁中南鼓乐班、山东民歌、山东钢琴艺术发展简史、山东地方戏曲音乐等方面对齐鲁音乐文化展开研究，课题吸纳了山东艺术学院部分导师、研究生参与研究，使研究生在课题研究过程中得到学习与锻炼，学术科研能力增强，从而使山东艺术学院研究生培养整体质量进一步提高。

3. 建设研究生创新团队，开办研究生论坛

通过建设研究生创新团队，开办研究生论坛等措施，提高研究生的社会实践能力，将研究生教育与社会需求相联系，以实现教育服务社会。

2008年9月，为进一步增强山东艺术学院音乐学科科研学术的整体实力，在学院各级领导的关怀与帮助下，音乐研究所组织成立了“音乐学研究生创新团队”。这支学术创新队伍全部为研究生学历（含在读），年龄均在40岁以下，是一支高学历、年轻化并充满治学热情的学术创新队伍，有较好的年龄结构与较深厚的研究基础，更有很大的学术发展潜力。

“音乐学研究生创新团队”将承担申报完成各级课题立项、发表音乐科研成果、建设齐鲁音乐研究网、开展音乐学术交流等工作。团队的目标旨在追求学术创新、扩大学术交流、服务音乐学研究生的教学与艺术实践、力争成为国内知名的音乐学术创新团体。

研究生论坛是研究生创新团队举办的一项重要的学术活动。在团队成立的同时，“研究生论坛”开讲，旨在通过学术论坛的形式，开展学术交流、分享学术心得、探求真理、促进学术进步。研究生论坛极大地活跃了音乐学学术氛围，有利于培养音乐学研究生的学术创新能力与实践能力，提高山东省的音乐科研整体实力。至今为止，音乐学研究生论坛已开办15期，选题面广，涉及音乐分析、音乐美学、西方音乐史、中国音乐史等多个研究领域，均为各领域的重要研究成果。研究生论坛已成为山东艺术学院的一个重要学术品牌，产生了广泛的品牌效应，在山东艺术学院形成了一定的影响，成为研究生发表自己最新研究成果的重要平台，导师与研究生积极参与到研究生论坛的探讨与交流中，研究生论坛活动收到了良好的效果。

“音乐学研究生创新团队”的成立将促进山东艺术学院音乐学研究生教育的发展，旨在增加山东艺术学院在省内音乐科研工作中的核心地位与辐射作用，对于山东的文化大省建设将起到重要的作用。“音乐学研究生论坛”的学术活动，以山

东艺术学院为中心向全省辐射，旨在培养研究生的创新能力和实践能力，使之成为山东省音乐学研究生进行学术探讨、交流的平台。同时，“博士讲坛”已在筹划之中，拟在全国范围内邀请音乐学博士定期开讲座、交流，并将“博士讲坛”继续延展。

通过“研究生论坛”到“博士论坛”这一系列环环相扣的活动，力争使其能够提升整个山东省音乐学科的学术水平、学术影响，使之成为中国音乐界一个重要的学术品牌，成为科研工作者及时公布、公开自己最新的研究成果并与同行探讨交流的基地，成为大学生、研究生了解国内外优秀学术研究成果、把握最新发展动态的重要平台。

（五）改变教育知识结构，强化学生考核与淘汰机制

合理、科学的课程体系与课程设置是培养研究生创新能力的基础，因此要加强课程体系建设，强化基础理论知识，提高研究生培养效率；课程设置中的基础课、专业课、选修课要有合理的比例安排，加大选修课，给研究生留有较大的决定自身研究方向和兴趣发展的可选空间。特别要体现综合性、前沿性、交叉性学科的课程，鼓励跨院系、跨学科选课，并设置丰富的人文社科类课程，拓宽研究生的知识面，优化研究生的知识结构体系，为研究生创新能力的培养打下坚实的基础。

合理的考核、淘汰制度对培养研究生的创新能力起到极大的促进作用。研究生的考核、淘汰机制绝不是简单粗暴地将一些研究生退学了事，而是使之反省和认识自己，通过正确的管理和引导，激发学生深入研究、勇于创新的精神。建立研究生从入学到毕业的全过程考核机制，增加考核环节，可以将基础理论考试成绩、学期论文宣讲、中期开题报告审核、业务科研能力评价以及学术创新成果转化等因素综合考核，敦促学生不仅满足于取得合格的成绩，激发竞争意识和学术创新精神。

1. 强化研究生英语教学，积极鼓励研究生赴海外名校留学，大力推进研究生中外联合培养工作。

2. 构建相对稳定的海内外导师队伍，加强与海内外大学的交流与合作，通过各种途径充分发挥海外校友的作用。

3. 落实研究生培养的双导师制，今后每一位研究生都要有两个导师指导，双导师制可以达到提高理论水平与实践能力的双赢效果，校内跨学科合作培养模式旨在发挥学校的学科综合优势，在学科交叉的氛围和环境中激发研究生的创造力。

4. 鼓励、支持研究生积极参加各类学术交流与学术创新活动，将科研实力的提高与研究生的培养结合起来。

通过与国外高层次音乐院校的学术交流、开展大师班讲座、安排研究生到国外访学等措施加强山东省音乐学硕士研究生与国际院校的合作，提高研究生的国际竞争力。

研究生教育是一个由研究生自学过程、教师教学过程、考试过程、社会实践过程、社会就业过程等诸多环节构成的环节链。在研究生教育环节链中，各环节环环相扣，互相影响与制约。只有扎扎实实在研究生教育的每个环节上找问题、想措施，才能使整个研究生教育环节链通畅，使高层次人才培养更具活力。相信经过几年的建设，山东省的音乐学硕士研究生教育会有很大变化，研究生教育水平将会大幅提高。

音乐界的“山东现象”发人深思，山东本土的音乐学硕士研究生教育具备创新的积累、基础与潜力。如果在政府部门的大力支持下，在知识、创新等共性规律下，尊重音乐本体学科发展规律，在七所院校中重新整合多方面资源，不仅具有可行性，而且会在很大程度上解决我国音乐学硕士研究生培养方面的诸多瓶颈，会极大地推进音乐学教育质量，对于完善音乐学硕士研究生教育创新具有重要意义。同时，对山东省音乐学硕士研究生教育创新的个案研究将为其他学科的研究生教育创新提供可资借鉴的经验，具有一定的启示作用，以点带面，从研究生培养机制变革、培养模式创新等方面，带动山东省以及全国研究生教育的全面发展，形成多层次、多类型、全方位的研究生教育创新体系，借助科学发展观理论，促进山东省以及全国硕士研究生教育全面、协调、可持续发展，开创研究生教育创新的崭新局面。

成果公告

当前我国大学教师薪酬制度的特征及优化

李碧红
（湖南大学）

李碧红主持完成的全国教育科学“十一五”规划教育部青年专项课题“人力资本与社会资本视野中的大学教师薪酬制度研究”，通过对八所大学进行实证调查分析，总结了我国当前大学教师薪酬制度的特征及存在问题，基于人力资本理论，对改革和创新我国现行大学教师薪酬制度进行了深入探索。

一、大学教师薪酬制度改革完成了从重资历到重业绩的转变

为分析薪酬制度的现状及问题，课题组对大学教师薪酬制度进行了实证检验。研究样本来自湖南、湖北、广东三省的8所大学，发放教师问卷480份。以教师个人收入为因变量，从既往研究中提出年龄、学历、专业、业绩为自变量，考察各因素对薪酬收入的影响。对于研究的因变量“收入”，研究者考察的不仅仅是工资加岗位津贴，而是被试根据自己的实际年收入对给出的几个收入段进行选择，是个人整体收入的大致情况。对于自变量业绩，由于要进行组间比较检验，课题组将教师业绩依据得分情况分为高、中、低三组。运用方差分析来检验以上自变量对教师个人收入的影响，考察各组别之间的组间差异的显著性。研究结果表明，教师个人收入在各年龄组、各学历组、各业绩组之间差异明显，即年龄、学历、业绩是显著影响教师个人收入的因素，其中业绩因素对总变量的贡献大于年龄因素，专业对收入的影响则不具备统计学意义。由此可见，年龄和资历不再是教师薪酬的决定性因素，业绩对教师收入有了非常大的影响。

二、大学教师薪酬制度注重学术产出，对教师的前期投资回报不足。

从调研学校与薪酬分配相关的文本中发现，当前大学教师的薪酬制度注重学术产出，采取多劳多得，优劳优酬，以此鼓励教师多发表论文、多拿课题经费、多出版著作、多上课、多带学生。强调量化、考核和规章制度管理。

前期投入是影响薪酬的重要因素，人力资本理论正因为证实了人力资本投资与个人收入及经济发展呈正相关，从而引导人们注重教育的经济意义。研究者对人力资本的计算及其与收入增长的关系进行了探讨，发现人力资本存量大，劳动生产率就高，个人收入水平也随之提高。教师薪酬已对业绩非常关注，那么对人力资本、社会资本投资的回报如何呢？研究以教师个人收入为因变量，以人力资本、社会资本为自变量，为比较教师人力资本、社会资本与年龄对收入的影响程度，加入年龄变量，检验三个因素对个人收入的影响。人力资本以教师受教育年限来考察，这是目前考察人力资本最为简便、常见的方法，社会资本用已有研究中经过检验的量表来测量。结果发现，人力资本变量和社会资本变量都对收入有着显著的正向影响，但年龄变量的影响系数比人力资本、社会资本的系数都要大。这证明教师累积的人力资本和社会资本能够带来收入的增长，但人力资本和社会资本都不是影响教师薪酬收入最重要的因素，它们的影响远远小于年龄。

研究表明，教师的薪酬分配制度对人力资本、社会资本有一定的体现，但还远远不够。人力资本和社会资本体现的是教师的前期投入，人力资本代表了教育投入，社会资本则代表了教师合作交往的投入，薪酬对人力资本与社会资本投资的回报不足，说明薪酬不是从投入的方面来考虑分配，而是以产出为依据进行分配的。

三、大学教师薪酬制度的新思路：按人力资本分配

我国大学教师薪酬制度在历史上是重视资历的、平均主义的，而近年来的改革在制度中不断融入绩效概念，这是一种进步。但是过于强调绩效的制度，对教师

的学术工作会起误导作用。不考虑学术活动的特性，改革就可能存在矫枉过正的倾向。实际上，近年来薪酬制度改革在其发展中已经出现了新的理念，对大学教师薪酬制度具有启发意义。

1. 以促进个人发展为核心的新薪酬理念

从薪酬制度的发展看，薪酬经历了以职务为中心、以工作岗位为中心的阶段，现已走入以个人为中心的新阶段。以个人为中心的薪酬理念，以个人的技术、知识、能力为基础，最为关键的一点就是将薪酬作为促进个人发展的要素。当代薪酬对于组织的意义已经不仅是对劳动者付出劳动的补偿，它的激励价值远远高于回报，这种激励作用就是促使人们不断对自己的成长进行投资，只有在个人素质上因前期投入而具备了更高的资本存量，才可以获得更多的薪酬回报。这种新的薪酬理念，与人力资本理论是分不开的，人力资本理论的发展促使薪酬分配观念在当代发生了重要转向。其重要思想是，人可以凭借人力这一“资本”参与分配。基于人力资本的薪酬并不是根据劳动产出即现有绩效进行分配，薪酬的价值依据的是个人创造业绩的潜在能力，即人力资本存量。员工在发挥自己才干为组织创造价值之前，管理者会根据对对方的总体把握和判断（认为或者说期望对方会作出什么样的贡献）相应给予薪酬。从另一个角度来看，组织的薪酬分配也是组织对人力资本的投资，个人的智力、健康等都因个人处于组织之中、为组织工作而成为组织的资本。新的薪酬理念启示我们，大学教师薪酬在考虑教师业绩之外，还可以考虑教师的前期投资，包括教师进入大学之前的教育投资，成为教师后在学术活动中的教育和合作投资，这些投资对于教师进行学术活动的潜能有着深刻影响。

2. 大学教师薪酬分配制度的优化

根据新的薪酬分配理念，应当改变以往按照教师劳动量确定薪酬的分配方式，根据教师人力资本的存量和增量来分配薪酬，按照由表达人力资本要素组合而成的复合因素，给予教师一种捆绑式的分配，即根据既往人力资本存量发放，在一段时期后随人力资本增量而变动。由此构建基于教师人力资本的薪酬分配模型，是以职称因素（人力资本存量）为薪酬基数，根据业绩因素（人力资本增量）按比例增长。

收入水平——适应教师人力资本产权。从人力资本产权的角度看，人力资本与其所有者不可分离，教师人力资本价值的发挥必须经过教师本人。对于企业员工，收入低会引起他们的不满，这种不满可能会以比较激烈的方式如罢工、闹事等表现出来。但大学教师对待自己收入不满的方式，则更可能是以其较高的能力，在学校外兼职或干脆开公司等方式来弥补产权的不足，对教育工作则有疲于应付的倾向，而最终受到损害的是学校乃至整个国家的教育事业、学术发展。当然并不是说收入越高越好，根据国际比较状况，制度内收入应达到社会中上水平。

分配依据——表达教师人力资本的基本要素。在下面的模型中，将用教师的职称、既往业绩作为人力资本的基本变量，作为分配的最根本依据。潜在的、现实的、凝固的人力资本，都对应在职称和业绩中。职称反映的主要是分配对学术的保障作用，业绩反应的主要是分配的效率。

分配方式——延期与逐步增长的薪酬。从长远看，学校声誉上去了，必然引来投资，从而吸引优秀的人才，继而带动学术发展。因此在教师薪酬中应考虑长远性的问题，注重分配的延期及逐步增长。大学作为非营利组织，它几乎不存在将教师的经济收益和学校的效益捆绑在一起的问题，倒是另一个因素“声誉”，才是将教师与学校利益密切结合在一起的关键。因此，本文所考虑的是，教师业绩其实可以作为“期权”的依据，而不是从工资里面扣出一部分来期权。延期分配可以将教师业绩所获薪酬制度化为一种长期支付，收入增长与原基本工资联系在一起，这使绩效所获与教师以前的积累相关连，教师获得的是长期性激励。

分配主体——分配权力的下移与集中。在分配的管理上，有一个分配权力和责任归属于何处的问题。目前我们的现实状况是主体多元，国家工资、校内津贴、院系课酬等，国家、学校、院系都可以成为分配主体，这使得收入结构复杂，制度外收入繁多。要实现上述三个原则下的分配，要求分配主体是单一的。下移，指从国家向学校移动；集中，指学校一级的相对集中，院系作为学术组织没有必要兼顾创收的问题，教师也是如此，主体集中到学校一级，才可以将教师、院系从创收的压力下解放出来。

对同一个教师个体而言，基于人力资本的薪酬分配指的是，按照由表达人力资本要素组合而成的一种复合因素，所给予的一种捆绑式的分配。教师人力资本是一个综合性的依据。人力资本包括潜在的、现实的、凝固的三种形式，可将原先的投入、现在的劳动、所做的贡献囊括其中，涵盖教师投入的生产要素，和对教师劳动过程、劳动成果的模糊衡量。

基于上述分析，可以尝试为大学教师薪酬进行模型设计，构建以教师人力资本为依据的薪酬分配模型：以职称因素（人力资本存量）为薪酬基数，根据业绩因素（人力资本增量）按比例增长。

$$S_i = S_{bi}\left[1 - n + a\ (T_i + \beta R_i - C)\ \frac{nS_b}{\sum P_j S_{bj} - CS_b}\right]$$

S_i 指个人年收入。S_{bi} 指个人基本收入（不包括业绩带来的收入），是某职称收入水平的市场均质、学科系数、年资系数的乘积。基本上由职称所决定的 S_{bi} 是一个重要基数，使整个模型偏向分配的保障作用。由于 S_{bi} 代表一般市场水平，为使个体收入之和不高于学校所能承担的数目，故加入 n 和 α 两个系数进行修正。

T_i，R_i 是教学业绩值和科研业绩值，通过学校的综合评定获得。β 为修正系数，平衡教学与科研业绩系数，同时根据教师的情况赋予不同的值。S_b 是学校平均数据。P_j，S_{bj} 是不同个人的业绩值和基本收入数据。C 是常数，为拉大不同业绩个人的收入，体现效率特征，可以根据学校情况，将具体的数据带入计算获得。

最后对计算出的 S_i 进行修正，根据学校情况将其控制在一定范围之内。据此，教师薪酬的获得均根据既往大力资本存量发放，而在一段时期后随着人力资本增量而变动。

云南与GMS五国高等教育国际竞争力发展战略比较研究

刘寒雁
（云南省教育科学研究院）

刘寒雁主持的全国教育科学“十一五”规划教育部规划课题“云南与GMS五国高等教育国际竞争力发展战略比较研究”提出，云南省高等教育服务贸易应通过强化特色，发挥优势，避免同质化竞争，获得高等教育服务贸易竞争的持续优势；云南省远程教育内部所面临的优势和劣势都很明显，同时外部环境中的机会与威胁并存，所以远程教育的差异化战略选择，必须发挥优势，克服劣势，抓住机会，回避威胁，并使云南省的远程教育能够满足不同消费者的需求，形成自身的竞争优势，提供与众不同的产品和服务。

一、研究内容

中国是整个国际范围内的重要国家，也是东盟“10+1”国家的重要组成部分，还是“大湄公河次区域”（Greater Mekong Subregion，GMS）的重要成员国。西南边疆省份——云南省与大湄公河次区域的泰国、越南、缅甸、老挝、柬埔寨五个东盟国家均保持着密切的经济、政治、文化、科技、教育等领域的交流合作，使得云南省在中国面向东南亚、南亚的国际事务中，占有非比寻常的战略地位。

云南省位于中国西南边疆，境内与贵州、广西、四川、西藏等省（自治区）毗邻，境外与泰国、越南、缅甸、老挝和柬埔寨同属“大湄公河次区域”。全省辖16个州、市、129个县（市、区），总人口为4 514万人，少数民族占总人口数的三分之一；有51个少数民族生活在云南，其中人口在5 000人以上的有25个。云南省地域东西横贯864.9公里，南北纵跨990公里，国土面积为39.4万平方公里，与缅甸、老挝、越南边境接壤，境线长达4 060公里，边境线上分布着德宏傣族景颇族自治州、西双版纳傣族自治州、红河哈尼族彝族自治州、文山壮族苗族自治州、楚雄彝族自治州、大理白族自治州、怒江傈僳族自治州、迪庆藏族自治州8个州（市），26个县（市），有国家一类口岸11个、二类口岸9个，各类对外通道90多条。边境总人口达564.6万人，占全省总人口的13.6%，国土面积占全省总面积的23.5%；云南省是中国少数民族种类最多、少数民族人口数量位列全国第二的边疆民族地区，仅边境地区就有16个少数民族跨境而居，世代繁衍生息。近年来，伴随着国家经济社会的迅速发展，云南教育发展获得前所未有的动力支持，其中以实施“大湄公河次区域”合作发展战略为契机，为促进云南高等教育国际交流合作带来史无前例的战略机遇。

“大湄公河次区域”是指澜沧江——湄公河流域内的中国、柬埔寨、老挝、缅甸、泰国和越南六国。全长4 880公里的澜沧江——湄公河发源于中国的青藏高原唐古拉山，自北向南流经中国青海、西藏、云南三省区和缅甸、老挝、泰国、柬埔寨、越南五国，于越南胡志明市附近注入南中国海。河流的中国境内段称为澜沧江，中国境外段称为湄公河。1992年，在亚洲开发银行（以下简称亚行）的倡议下，澜沧江——湄公河流域内的6个国家共同发起“大湄公河次区域”经济合作（GMS）机制，以加强各成员国间的经济联系，促进次区域的经济社会发展，实现次区域共同繁荣为宗旨。亚行作为参与方和出资方，主要负责为有关会议及具体项目的实施提供技术和资金支持。亚行划定GMS的范围和依据主要是从促进亚太地区发展中国家之间的合作出发，将合作的定位放在区域经济贸易上，为此在亚太区域经济合作框架下的中国、泰国、越南、缅甸、老挝和柬埔寨之间的合作就定位于次区域经济贸易合作，所形成行动框架的最终确立得到中国政府、云南省政府的全力支持和配合，所以 GMS 包括泰国、越南、缅甸、老挝、柬埔寨、中国（中国指的是中国云南省，后又囊括中国广西壮族自治区）。GMS 的界定基于八个方面的理由：1. 共同拥有湄公河，湄公河在六国的经济生活中占有重要地位，六国都需要在湄公河开发利用方面加强合作；2. 六国除泰国外均属于转型经济；3. 六国都推进对外开放；4. 六国均属资源富集地区，在合理使用人力资源进行开发方面各国相互之间有巨大的互补关系；5. 各国边境贸易日趋繁荣；6. 基础设施极为落后，其中中国云南省和老挝无出海口；7. 六国发展资金极度匮缺；8. 六国文化背景极为相似。“大湄公河次区域”经济合作以项目为主导，经过 17 年的发展，“大湄公河次区域”已经成为世界上发展最快和东亚一体化速度最快的地区之一，该地区年平均经济增长速度超过 6%。

“大湄公河次区域”经济合作日常决策机构是部长级会议，下设 9 个专题论坛和工作组，分别负责交通、电信、能源、环境、人力资源开发、旅游、农业、贸易和投资。领导人会议是其最高决策机构，从 2002 年起每三年召开一次，各成员国按照字母顺序轮流主办。截至 2008 年，“大湄公河次区域”经济合作领导人会议已成功举办过三次，并分别形成促进 GMS 发展的多项政策文件及其宣言。“大湄公河次区域”经济合作第一次领导人会议于 2002 年 11 月 3 日在柬埔寨金边举行。时任国务院总理朱镕基出席会议并就加强次区域合作的重要性等问题作主旨发言。会议批准《次区域发展未来十年战略框架》，并决定其后每三年在成员国轮流举办一次领导人会议。会后，有关国家签署《大湄公河次区域便利运输协定》谅解备忘录、《大湄公河次区域便利运输协定》中方加入书和《大湄公河次区域政府间电力贸易协定》。“大湄公河次区域”经济合作第二次领导人会议于 2005 年 7 月 4 日至 5 日在中国昆明举行，温家宝总理主持会议，并在会议开幕式上发表讲话。会议围绕“加强伙伴关系，实现共同繁荣”的主题，进行深入讨论并达成广泛共识，确立以“相互尊重、平等协商、注重实效、循序渐进”为主要内容的合作指导原则，并发表《昆明宣言》。与会六国领导人签署了便利客货运输、动物疫病防控、信息高速公路建设和电力贸易等多项合作文件，批准贸易投资便利化行动框架和生物多样性保护走廊建设等多项合作倡议。“大湄公河次区域”经济合作第三次领导人会议于 2008 年 3 月 30 日至 31 日在老挝万象举行，六国领导人围绕“加强联系性、提升竞争力”的主题，就加强基础设施互联互通，贸易运输便利化，构建伙伴关系、促进经贸投资，开发人力资源、增强竞争力，可持续的环境管理，次区域合作与发展伙伴关系等六大方面的合作构想交换意见。温家宝总理在会上就加强次区域合作阐述中方倡议主张。与会各国领导人签署《领导人宣言》，指出“大湄公河次区域”经济合作面临的机遇与挑战以及未来行动的方向，提出 2008～2012 年“大湄公河次区域”经济合作发展行动计划。与会领导人签署《实施次区域跨国电力贸易路线图谅解备忘录》以及《经济走廊可持续与均衡发展谅解备忘录》等一系列合作文件。

随着“大湄公河次区域”经济贸易合作启动（1992～1996 年）、合作缓冲（1997～2001 年）以及合作全面展开（2002～至今）进程的持续推进，GMS 六国逐渐加强互信，本着共赢发展原则，扩展合作领域，增强合作力度，其中对于人力资源的开发始终是实现最终战略目标的重要战略举措，毕竟国家国民的综合素质决定着国家的前途和命运。知识经济时代，世界各国教育对于人力资源开发都必须审慎应对，在“什么样的知识最有价值?”这个问题形成共识以后，什么样的能力最有意义？什么样的人才最具有合作竞争力？一系列新的问题随着科技信息时代的到来而纷纷涌现。这显然已不是斯宾塞当时考虑或企及的问题，对此的思考是新的时代背景下，世界教育发展新走向的解惑过程。当前，世界高等教育已显现高等教育区域一体化发展、国际化发展趋势，在高等教育现代化发展进程中，注重本土化和国际化的交融与弥合。GMS 经济贸易合作体制机制的运行，为中国整体参与、云南省直接参与 GMS 五国合作发展提供实践基础。此外，据相关统计数据显示，“大湄公河次区域”的人口到 2025 年将在现有基础上增加 30%～50%，构成 GMS 发展的实践主体——人力资源，在经济贸易的合作中必然催生出教育交流合作的需求，尤其是高等教育的交流合作需求。高等教育国际化发展，将为促进 GMS 人力资源开发应用和经贸合作，提供社会发展服务和人类个体与群体的社会化与个性化发展服务。

中国一贯重视并积极参与“大湄公河次区域”经济合作，在交通、能源、电信、人力资源开发等重点领域一直是积极的推动者、建设者和援助者。云南省和广西壮族自治区是中国参与具体合作项目的主要省区。在“大湄公河次区域”合作中，通过云南省与 GMS 五国的不懈努力，共同将“大湄公河次区域”构筑成中国连接东南亚的陆域经贸通道，实现次区域五国贸易的便利化和自由化，实现次区域经济社会与生态环境的协调发展，实现次区域国家人民生活水平的持续提高。

GMS 六国同属东盟“10+1”国家，GMS 经济贸易合作是东盟自由贸易区服务贸易自由化发展体系中的组成部分，是属于而不等同的合作框架，更加深化了多边合作的基本关系。始于 20 世纪 90 年代中期的 AFTA 服务贸易自由化，为 GMS 经济贸易合作机制体制的运行，提供了坚实的实践基础和前提条件。早在 1994 年，WTO 通过第一部关于服务贸易自由化的多边协议——《服务贸易总协定》（GATS），东盟即在此框架下，开启本区域服务贸易自由化的进程，并于1995年12月签署《东盟服务业框架协定》（ASEAN Framework Agreement on Services，AFAS），作为指导成员国之间服务部门开放服务贸易自由化的专门性文件。标志性开启教育交流合作的时期则是2005～2006年，东盟第四轮谈判的重要磋商事宜包括教育交流与合作。在这一轮谈判中，东盟各国对中国的承诺减让迈出了实质性的步伐，并有更多的东盟“10+1”成员国就更广的服务部门做出开放承诺。有19个服务部门和分部门包含在最惠国待遇（MFN）豁免清单中，所提交的承诺减让表均综合了前三轮谈判的承诺水平，形成最完整和详尽的服务贸易承诺。这一轮谈判各国作出承诺开放的部门，除商务服务、通信、建筑、旅游、运输等，还明确指向教育、环境、娱乐保健以及金融等部门。

开放程度相关研究显示，中国与GMS五国在开放程度上存在明显差异。例如，中国和泰国的相对开放程度较高，泰国高等教育服务贸易部门对区域内开放程度较之GMS国家当属首位，而越南、老挝、缅甸、柬埔寨由于经济落后，属于农矿产品生产国，服务贸易壁垒较多，对区域内做出承诺开放的服务部门相对较少，使越南、老挝、缅甸、柬埔寨在教育、环境以及娱乐等关系到国家安全和政治独立的服务部门在东盟内开放水平最低。但在GMS内，泰国、越南、老挝在高等教育交流合作的服务贸易中，均与云南省建立起了稳定的交流合作关系。所以，云南省具有与GMS五国加强高等教育交流合作，开展高等教育服务贸易的现实基础。

GMS六国同属发展中国家，但各国国情和社会发展程度仍存在差异。就高等教育而言，GMS六国中泰国和中国较之越南、缅甸、老挝、柬埔寨具有比较优势，主要表现为历史发展基础和当前发展现状。GMS经济贸易合作的深化，已明确提出人力资源开发的迫切需求。云南省地处GMS地理要塞，是中国整体参与和地方省份直接参与上下结合、分层部署的战略前沿，云南高等教育必然对此作出回应，响应国家整体参与、省份直接参与的战略合作部署。加之云南省与GMS五国地理区位所具有的比较优势中，客观存在着平原面积少，多高原、多山峦等地形地貌上的显著特征，所以云南省与GMS五国高等教育交流合作还需要特别注重远程教育的发展。

该课题主要在把握云南省与GMS五国（泰国、越南、缅甸、老挝、柬埔寨）教育概况，以及经济、政治、文化交流现状的基础上，分别掌握云南省与GMS五国高等教育、远程教育发展现状的信息。在分析云南省与GMS五国高等教育、远程教育交流合作现状的基础上，揭示出云南省与GMS五国高等教育、远程教育交流合作的特征，就GMS五国学生对云南高等教育与远程教育的需求进行分析。

在现有高等教育发展理论研究体系的基础上，从现代高等教育发展理论、高等教育国际化发展理论、高等教育区域一体化发展理论以及远程教育研究理论中，寻求理论根基，从“一体化”界定出发，层层剖析GMS高等教育一体化趋势和GMS远程教育一体化需求。

通过借鉴国际经济学中比较优势理论及管理学中的SWOT分析方法，综合利用云南省高等教育服务贸易的总体资料，分别从要素禀赋、要素生产率、需求条件、经济规模、政府行为以及贸易基础六个层面对云南省高等教育、远程教育与GMS五国国际竞争力进行了综合评价，并提出云南省提升高等教育国际竞争力的差异化战略选择。

针对云南省与GMS五国高等教育国际竞争力发展中存在的五个具体战略问题，提出解决问题的对策和发展云南省与GMS五国高等教育国际竞争力的思路，除保留传统的“请进来，走出去”战略外，明确提出理性选择本土化、国际化、现代化战略、合作共赢战略，尤其是区域一体化差异性发展战略；从区分云南省与GMS五国高等教育交流合作的差异性战略目标、战略模式以及战略计划等方面入手，科学制定出云南省与GMS五国高等教育国际竞争力发展的战略方案和实施的八个战略重点。

就各种国际力量对GMS发展的支持，首次系统地进行文献梳理，重点研究中国支持GMS人力资源开发的新进展和中国参与GMS发展的前沿阵地——云南省，从云南比较区位优势、云南高等教育发展的优劣势、云南高等教育国际交流合作的科学发展之路三个维度，展望云南省与GMS五国高等教育发展的未来，明确提出和谐世界视角下的民主意识指向、平等对话合作指向、开放水平观战略指向、多元化发展教育实践指向，打造促进云南省与GMS五国高等教育发展的文化走廊，实现多边共赢发展。

二、研究方法

该课题属于多学科综合比较研究。研究主要以教育学、教育文化学、教育经济学、社会学、人类学、国际政治学、外交学、战略学等学科理论以及相关研究成果为理论依据，基于云南省与GMS五国（泰国、越南、缅甸、老挝、柬埔寨）教育概况，以及文化、政治、经济交流现状，以定性和定量的信息客观描述云南省与GMS五国高等教育、远程教育发展现状，对云南省与GMS五国高等教育、远程教育交流合作现状、特征及其需求进行调查分析，采用文献研究法、座谈、实地抽样、问卷调查、田野调查、深度访谈、专题研讨会以及专家咨询等科学研究方法进行研究。在开展一定规模的社会问卷调查的同时，分别开展座谈和个别调查对象的深度访谈，对具有典型性的个案进行追踪调查，使调查所获信息真实、生动、丰富，从而提高研究结果的信度。研究方法上强调理论研究与实证研究有机结合，文献研究和调查研究有机结合，定量研究和定性研究有机结合，促进理论与实践的紧密结合，实现两者之间的互动，理论探讨的问题在互动中逐渐完善，实践难题在互动中得到有效解决。

基于云南省与GMS五国高等教育、远程教育发展现状调查，对外国留学生、外国教育管理者进行走访，重点了解、分析GMS五国学生对云南高等教育、远程教育的需求、特征以及趋势，采用SWOT分析法，研究云南高等教育所拥有的发展机遇、比较优势、所面临的危机及其存在的问题，探讨提高云南教育国际竞争力的重要战略意义，构建增强云南省与GMS五国高等教育国际竞争力的差异性互补发展模式，为推进GMS高等（远程）教育一体化发展及其提升云南省与GMS五国教育国际竞争力，提供相关政策依据和理论模型。

三、研究结论与对策

根据云南省与GMS各国高等教育服务贸易的比较分析和SWOT分析的结果，结合云南省高等（远程）教育发展现状，课题研究认为：云南省高等教育服务贸易应通过强化特色，发挥优势，避免同质化竞争，获得高等教育服务贸易竞争的持续优势；云南省远程教育内部所面临的优势和劣势都很明显，同时外部环境中的机会与威胁并存，所以远程教育的差异化战略选择，必须发挥优势，克服劣势，抓住机会，回避威胁，并使云南省的远程教育能够满足不同消费者的需求，形成自身的竞争优势，提供与众不同的产品和服务。

（一）云南省高等教育差异化发展战略选择

第一，强化特色，拓展中国特色专业的教育需求。细分国内外的教育需求，加大现有专业的整合力度，把优势学科做大做强，大力拓展具有中国特色的专业吸引力，巩固汉语与中医等特色专业，根据云南省与GMS国家产业结构特征发展资源型产业所需专业如橡胶、矿产、生物资源等；立足于云南省在中国的桥头堡作用，进一步加强对物流、金融、教育推广人才的培养。

第二，改善办学环境，发挥教育资源方面的优势。发展高等教育必须具备良好的办学环境，高等学校的办学环境主要包括投资环境，吸收人才、科技成果的环境，社会心理环境，高等教育的服务环境等。云南省应加快经济改革步伐，提高经济发展和社会生产力水平，在政府支持和市场经济推动下，形成能充分发挥高等学校作用的若干小区域、小环境，以带动整个地区高等教育的发展。同时，还应完善办学条件，建立多元化的办学体制，更新办学理念、教育内容、教育方式和教育手段，进一步提升云南省高等教育体系中的要素禀赋能力，加强科研活动以及高等院校的科研力度和教学质量，以科研促教学、促产业。

第三，发展新兴学科，避免同质化竞争。在努力发展特色学科，拓展汉语需求的基础上，应以交叉学科、传统学科为辐射点，以新兴学科为增长点，构筑新颖的学科发展格局，要在学科建设的基础上，不断拓展新专业，建设别具一格的专业群，避免与GMS其他国家的同质化竞争。

第四，利用国际契机，加强国际合作。充分利用已签署的区域合作协议，进一步扩展云南省与GMS五国高等教育服务贸易，促使云南省的教育服务产业向GMS五国延伸。加强云南省与GMS五国高等院校之间的国际交流与合作。依托中国经济高速发展的辐射力度，云南省在大湄公河次区域合作中拥有较为重要地位，针对云南省与周边国家在生物多样性、能源与材料、可持续发展等方面所具有相似的背景，创造次区域开展科研项目合作与交流的高水平平台。

（二）云南省远程教育差异化发展战略选择

第一，发挥政府在远程教育中的主导作用，加大教育投入。面对信息化社会的发展潮流，省委、省政府应将发展网络教育作为科教兴省的实事来抓，使网络教育步入了有工作目标、有实施计划、有人员安排、有经费保证、有检查督促的发展通途。同时，应该想方设法，多途径多渠道地筹措远程教育经费。可采取“政府拨一点，学校筹一点、学生借一点、社会助一点”的多点子策略，也可采取“政府负责主干网，邮电负责支干网，学校负责校园网，用户负责终端网”的责任来分摊教育成本。

第二，健全远程教育发展的新体制，优化办学条件。云南省远程教育要推进制度创新，要调整远程教育的内部关系，发挥系统优势，激发系统活力。这就要求远程教育系统内部的上下级之间相互适应，相互配合，相互促进，共同推进中国远程教育的发展。云南省远程教育要大发展，必须加强办学机构和远程教育队伍建设。需要形成一种新的、适应远程教育开放系统，做到内外结合、横向交叉的协作机制。因此，应该允许各级远程教育机构有更多的灵活性和办学自主权。只有这样，才能实现远程教育的跨越式发展和国际竞争力的提升。

第三，加强远程教育师资和技术培训，形成办学特色。以特色求发展是差异化战略选择的重要体现。所谓办学特色，是指学校在长期办学过程中积淀形成的、本校特有的、优于其他学校的独特优质风貌，它在学校改革和发展当中，特别是在优化人才培养过程，提高教育质量当中起着非常重要的作用，始终潜移默化地影响着学校的改革和发展。这就要求远程教育在专业设置、课程设置和教学点的布局等方面，主动适应地方经济社会发展的需要。不断加强远程师资和技术培训，把具有特色化的远程教育内容提供给远程教育学习者，通过个性化的教学服务，来满足广大求学者的学习需求。同时，一流品牌是学习者选择有竞争力远程教育的重要依据，也是云南省远程教育参与次区域市场竞争，赢得办学声誉所必须具备的旗帜。

高等职业教育工科类专业CAx课程群教学模式研究

董晓英
（江苏技术师范学院）

董晓英主持的全国教育科学“十五”规划教育部重点课题“高等职业教育工科类专业CAx课程群教学模式研究”提出了CAx课程群概念，并制订了实施方案。力图以现代职业教育思想指导工程教育改革，把关注点集中在课程建设，采用了行动研究、文献研究、调查研究、个案研究和比较研究等方法。尤其是经过对国内外企业和高等学校的现场考察，并将课程群建设与改革的思想运用于实践，在CAx课程群目标、内容、方案、教学方法、实践教学建设等方面取得了实践成果，丰富了高等职业教育课程理论，并对高等职业教育课程改革起到了一定的指导作用。

一、内容与方法

基于制造业信息化的发展，首次提出CAx课程群概念，深化了高等职业教育功能和地位的理解，加深了对职业教育教学模式的特色和思路的认识。

（一）调查研究

根据课题研究目标，通过走访和问卷调查，了解企业管理和生产状况方面的情况和CAx专项实施情况，探求企业从业人员CAx能力现状和要求，调查了高职院校CAx类课程教学情况。

对德国慕尼黑理工大学、美国佐治亚理工学院CAx类课程教学情况进行了考察了解。与德国梅泽堡科技应用大学采用2+2培养模式，与德国同行共同进行了CAx类课程的开发与教学研究。

（二）课程群体系设计

传统教学内容与现代教学内容的融合；CAx课程群中各个课程之间教学内容的衔接；CAx课程群中各个课程的理论教学与实践教学的整合；制造业信息化教学内容与现代教育信息技术相结合。

（三）行动研究

课题研究通过设计、实施、观察、记录、反思、修正的方法，逐步完善，逐步固化了研究成果，并进行了成果推广应用。

（四）案例研究

CAx课程群中主干课程的建设研究，创建了多门省级精品课程。着力主干课程教材建设，将课程教学模式研究成果融入教材中。建设了CAx专题网站，同时建设了一批课程多媒体课件，网络课程、课程专题网站等。

二、研究结论与对策

（一）背景分析

随着经济发展方式的转变，对技术技能型人才提出了新的更高的要求。高等职业教育正是适应这种要求而表现出了其存在意义、独特优势和发展潜力。

1. CAx技术的应用使得现代制造业发生了革命性变化

（1）CAx技术从计算机辅助二维绘图到参与设计过程，到设计与制造的融合，并正在向设计——制造——管理——市场一体化进步，是一个集成度逐步提高的过程，知识工程已将人工智能与CAx系统有机地结合起来。

（2）CAx技术带来了生产方式变革，实现从设计或制造意图的电子化表达向综合应用各种技术优化设计发展，再向产品开发各环节的集成和各组织的协同跃升，也将实现管理组织的扁平化。

（3）CAx技术导致人的思维方式和行为方式的变化，从业人员知识结构和能力结构也必须变化，每个人不再是“流水线”上的一个点，而是系统中的一个子系统，必须善于协同、衔接与共享。

2. 高等职业教育必须适应产业和技术发展的趋势

（1）高等职业教育因其“高等”决定了其前沿性、先进性，必须不断更新和重组课程内容，变革课程组织方式，应用先进教学手段，以应对科学技术进步和产业升级的要求。

（2）高等职业教育因其“职业”决定了其灵敏性、适应性，有必要实施职业岗位分析课程开发方式，引入职业资格证书课程标准参照，采用工学结合的教学模式。

（3）高等职业教育因其“教育”决定了其发展性、整合性，需要整合学校本位学习与工作本位学习，整合学术课程与职业课程，关注职业技能和学习动机，兼顾岗位工作能力和终身学习能力。

3. 课程群建设是高等职业教育教学模式改革的有效途径

（1）课程群建设的任务是教学内容整合，由于学时限制必须有效地节约学生的学习时间，对传统内容合理选裁，对前沿内容及时补充，并使二者有效融合，避免交叉重复或脱节遗漏。

（2）课程群建设的路径是教学方法变化，包括教学组织方式的系统化，安排好群内诸课程的结构、内容、时间和顺序，通过实践教学与理论教学的一体化，增强学生学以致用感觉和体验。

（3）课程群建设的目的是人才培养质量的提高，有效地帮助学生进行教学内容的系统化，并着力体现因材施教的原则，根据不同层次教育安排学习内容，给优秀学生深化、创新的空间。

（二）国外发展状况分析

从文献研究中发现：德国“双元制模式”已扩展到了德国高等教育领域，学生大部分时间在企业进行实践操作技能培训，而且所接受的是企业目前使用的设备和技术，培训在很大程序上是以生产性劳动的方式进行，从而减少了费用并提高了学习的目的性。

20世纪90年代以来，美国职业教育改革推出了“学校到工作过渡”（School-to-Work）的基本策略：核心内容是“职教课程的三个整合”：即整合学校本位学习与工作本位学习；整合学术课程与职业课程；整合中等教育与中等后教育。这一发展导致了其就业结构的根本变化：工作岗位的技术含量越来越高；职业更替的速度越来越快；工作的组织形式也发生了根本变化等等。

20世纪80年代中期，英国政府提出了“国家教育培训目标”，提出了“为成功的未来而开发技能”的口号，成功进行了国家职业资格证书制度改革，促进了英国经济的发展。新型的、以企业和雇主的需要为导向的职业资格标准，能够紧跟生产和技术的变化，对提高企业的生产效率有直接作用，因此有很强的生命力。

澳大利亚职业教育改革的主要内容就是以关键能力为核心进行教学改革，并据此建立起能力本位的职教体系。澳大利亚政府重视能力培养，为此，专门研究并制定了国家能力标准。所谓国家能力标准就是“按照就业中要求的操作标准，对所涉及的知识、技能及其知识和技能的应用所作的明确说明”。在教学过程中，把教学内容、职业资格和就业岗位联系起来，实现证书、就业一体化。

通过课题组调查发现：像慕尼黑理工大学这样的一流院校，还坚守着其精英教育的理想，并没有像德国的高等技术学院那样实施“双元制”和现场教学等适于技术人员培养的教学方法。通过对美国佐治亚理工学院考察发现，其教育课程内容更新快，重视学生的发展潜力，概因为企业对毕业生的“宽容”和“善待”，他们允许毕业生有一定的“后熟期”，重视在岗位上培养员工的实际应用能力，这为学校教育留下了更多空间。在中国江苏技术师范学院与德国梅泽堡应用科技大学机械专业合作中，机械基础课是由机械制图、AutoCAD绘图、机械设计、机械加工工艺等几门课程组合而成的，在教学中应用模块教学法，既将教学内容化分为若干模块，并注重模块间的衔接。注重自主学习，项目教学法，问题导向法等教学方法的综合应用，强化实践教学环节。由此可见，不同类型的教育在教学内容的选裁和教学方法的选择上有很大差距，在应用型的教育中，其教学内容与产业发展同步性更强，教学方法更接近实践，教学情境更接近生产情境。

（三）国内现状调查

通过对中型制造业企业骨干工程技术人员的问卷和访谈，全面了解了制造业企业信息化现状，为CAx课程开发与建设提供了重要依据。

1. 长三角地区企业CAD（计算机辅助设计）已经普及应用了，应用量为91.4%。其他CAx技术也逐步得到应用。但多数未能实现信息化系统集成，许多企业的硬件设备已能满足“集成”的需要，但其功能远未得到充分发挥，重要原因之一是技术人员CAx技术能力问题，为我们的教学提出了新的课题。

2. 无论是高校所开设课程还是学生所掌握的程度，都没有很好的满足企业信息化的要求。最令人满意的仍是二维绘图能力，说明“甩图板”工程在高校业已完成。对毕业生的三维建模能力、工艺设计能力、数控编程能力、数控操作能力，没有出现“非常满意”，认为“不满意”者也达12.1%~22.4%，说明企业对这些较高层次的CAx技术已经提出了要求，迫切要求教学内容的更新、教学手段的变革、教学方法的改革。

3. 在企业信息化各岗位上，高职毕业生与研究生、本科生、中职生所在的岗位分布各有不同，高职与本科层次在这些岗位上分布最广，成为企业信息化的主力，高职工科毕业生所在的主要岗位顺序为：数控等高级操作、质检、设计、绘图、管理、销售、一般操作、非技术岗位。而本科工科毕业生所在的主要岗位顺序前三位则是：设计、绘图、管理。

（四）CAx课程群体系构建

以制造业信息化对CAx能力的要求，以工学结合为切入点，校企合作共同开发课程。

1. AutoCAD（或其他绘图软件）依然是核心内容，起到引领作用和示范作用，学生通过高效的绘图工具掌握，初步了解制造业信息化的相关知识，与CAx课程群的后续课程形成良好接口。

2. CAx类课程必须向综合化方向发展，形成CAx课程群，其实质是教学内容的有效整合，包括各课程之间的“统合”，课堂教学与现场教学的“结合”，以及传统知识与CAx技术的“融合”。

3. CAx技术作为信息时代的一项标志性技术门类，其发展日新月异，CAx课程群建设必须体现拓展性和创新性，必须应用信息化教学资源与手段，实施工学交替和校企互动的培养方式。

（五）CAx课程群建设

始终坚持以培养学生的CAx技能为主线，有序开展CAx课程群中主干课程的建设，培育出了CAx课程群建设的系列显性成果。通过15个案例分析，得出三项结论。

1. 课程建设是一项系统工程。首先，教学内容是灵魂，注意到与产业发展相适应的更新速度，与课程群其他课程的衔接方式，与培养目标相对应的客观标准；其次，教学方法是保障，为学生提供互动式的“教、学、做”平台，可考核的知识能力标准，信息化的工作情景，自主学习的拓展空间；再次，教学资源是条件，包括教材、信息化教学资源、实验实训场所，更重要的是深谙现代教育思想，精通课程内容，了解学生需求的教师。

2. 教材是课程的载体。首先，使教育思想具象化，突出了高职教育特点，呈现了课程整合、理实一体、图视思维等思想；其次，使教学内容具体化，突破了学科型教材程式，显现了融合式、实例化、模块化等特征；再次，使教学方案剧本化，设计了新的教学模式，提供了任务驱动、项目导向、情境教学、工学交替等教学方案。

3. 信息化教学资源是课程的保障。首先，是教与学的工具，将先进教育思想、现代教育技术、生动视听功效与独到教学内容融为一体；其次，是交互的平台，让教与学，教与教，学与学，学校与企业之间形成互动；再次，是教材的延伸，克服了纸质教材出版周期、篇幅限制、忽视个性等不利因素，体现积件思想，实现学习内容的及时性、拓展性、延伸性和选择性。

（六）CAx课程群教学方法

CAx技术作为信息时代一项标志性技术门类，CAx课程群的教学模式必须体现拓展性和创新性特征。据此，设计了CAx课程群教学方法，并形成以下规律性认识。

1. 理实一体是高等职业教育的基本教学模式，在CAx课程群教学中体现为四个层次：一是教学内容选取上理论基础与实践要求相结合，更加注重实践目标；二是课堂教学以项目为导向，任务为驱动，更加贴近工程实际；三是教学组织采用工学交替方式，更加有利于形成岗位经验；四是以实践激发学的动机，以学促进能力的提升，更加充分的成就优秀学生。

2. 工程情境是理实一体教学模式得以实现的必要条件，包括：第一，课堂教学与车间实训相融合的环境，拉近了学与做的距离；第二，企业参与制定教学目标，提供工作岗位，强化了学生的角色定位；第三，学校输出先进理念，引领技术发展，诱导了学生的敬业精神；第四，学生实战训练，增加了手脑并用的机会，激发了创造灵感。

3. 信息化教育技术手段应用于CAx课程群教学有着独特意义，不仅提高了学习效率，还把企业信息化与教育信息化融为一体。首先，积件思想在教学与工程之间建立了一个桥梁，积件库素材既可为教学也可为设计服务；其次，网络、多媒体环境，尤其是仿真、虚拟现实等先进技术的应用，把学习与工作情境相同化；再次，网站成为教、学、做人员CAx集成思想和最新成果的共享空间。

小学英语双语教学国际比较

冯增俊
（中山大学）

冯增俊主持的全国教育科学“十五”规划教育部重点课题“小学英语双语教学国际比较”发现，儿童早期学习外语，符合人的语言发展特点，实施全英语教学，并综合多种学科，实行综合性教学，符合儿童学习特点和当代教改方向；把听说领先与必要的读写在不同年龄段由浅至深、由低至高的适当综合，能使自然性学习与外语性学习的优点有机应用。

一、内容与方法

该课题立足中国的小学双语教学实践、以目标语为外语的国际双语教学比较研究为主要研究内容，以多种研究方法的综合运用为主要的研究范式，具体采用了文献分析研究方法、比较研究法、实验法和综合研究法等多种研究方法。

该课题首先研究了中国小学外语教学现存的五大问题，具体包括：传统教学模式不适合儿童学英语，小学设外语如简单地把原初中教学方法搬到小学存在问题较多；背记式、成人化、语言学化、词汇式教学不适合小学生的年龄特征；照搬国外第二语言双语教学行不通；各种改革有部分合理但缺乏整体突破，需要寻求本质整合、全人发展；不少学校双语教学急功近利，迎合大众崇洋心理，聘请的外教滥竽充数。正是基于这些问题，该课题从多学科的视角探究了小学英语双语教学的目的以及小学英语双语教学应该如何开展。

该课题在研究方法上综合运用多种研究方法。课题开展之初，为了借鉴国际经验，使用了文献分析研究方法和比较研究法作为研究工具，以目标语为外语的双语教学模式为主题，选取与中国双语教学相比有可比性的、较有代表性的（亚洲）日本、（欧洲）德国、（大洋洲）澳大利亚这三个双语教学目标语均为外语的国家进行比较研究，批判性地借鉴其经验，从国际视野思考本土行动。同时，根据双语教学原理按照实验法，选取广东、江苏、安徽、湖南、贵州、云南、河南等地不同体制的几十所学校以不同方式进行小学英语双语教学实验研究，以便更好地解决中国当代汉外双语教学实验中认识模糊、目标不清、模式不明等问题，同时在比较、鉴别、借鉴国际双语教育成功经验的基础上，结合国情，寻求创建目标语为外语的双语教学发展规律，创建适合中国国情的可操作的双语教学本土化的模式，并在实践中得到检验，以便使双语教学真正成为促进人的智力发展、思维发展、语言发展、全人发展的一条有效途径。双语教学模式是在比较研究与本土实践相结合的基础上生成的，它需要不断地被检验和修正。

二、结论与对策

中国特色的“双语教学”，即在汉语作为母语和法定教学语言的大背景下，探索以一门（或多于一门）外语（在中国主要是英语）作为部分非语言学科内容的教学媒介语，用教学媒介语来促进语言能力发展、智力发展、思维发展，以提高学生综合运用外语能力和综合素质为目标，为培养面向世界的双语人才打好基础的教学体系（该研究探讨的双语教学不含中国少数民族地区的民汉双语教育）。

该研究区分目标语为二语的双语教学与目标语为外语的双语教学、区分民汉双语教学与汉外双语教学、区分双语教学与外语教学、区分汉外双语教学与专业英语教学，试图在本质上厘清一些模糊概念，并以科学发展观为指导，因地制宜，以国际视野着重研究本土行动的现代汉外双语教学，研究如何以各个学科内容的综合为基点，建构符合中国国情的、符合人的发展、语言发展、语言教学规律的、多元和谐的、可持续发展的双语教学模式。

该研究关注的双语教学的对象是强势语言学生，其目标语是弱势语言，其教学目标是帮助学生获得添加性双语能力（additive bilingualism）。通过开展双语教学，在提高学生汉语水平和学科知识与能力水平的前提下，提高学生的英语听、说、读、写综合水平与跨文化交际意识，进而习得用双语进行思维与学习的能力，而且能够在这两种语言之间、依据交际对象与语境的需要进行自由的切换，渐次成为能够熟练运用两种语言交际、学习与生活的双语双元文化人才。

研究发现，儿童早期学习外语，符合人的语言发展的特点，实施全英语教学，并综合多种学科，实行综合性教学，符合儿童学习特点和当代教改方向；把听说领先与必要的读写在不同年龄段由浅至深由低至高的适当综合，能使自然性学习与外语性学习的优点有机应用。

双语教学应当区分目标语是外语还是二语，目标语是外语的双语教学跟目标语是二语的双语教学（如在美国、加拿大以英语为目标语）有明显差异。第一，两种语言环境不同，因此在语言的使用和学生对语言学习的动机上有很大区别；第二，师资条件不同，如加拿大实行的双语教学中，师资来自本族语的教师，不仅语言地道，在专业上也有优良的造诣，但实施外语的双语教学中却缺乏这类教师；第三，发展语言的目的不同，一个是推进民族团结，发展多元文化，而另一个是培养外语能力。因此，两者的发展策略和教学原理很不相同。日本、德国、澳大利亚等单语国家的双语教学富有成效且各有特色。和中国一样，日本、德国、澳大利亚都是单语国家，双语教学的目标语都是外语的，和中国的双语教学有很大的可比性。他山之石可以攻玉，中国的双语教学改革可以从中借鉴经验。这些国家的双语教学属于添加性的双语教学，它们的双语教学虽各有特色，但都证明了儿童早期学习外语优势明显，不仅外语和母语互动性发展，而且学生的认知水平、学习兴趣都较高。

（一）日本双语教学实践证明，尽管英语作为绝大多数学科的教学语言，双语班学生的学业水平和认知发展没有受到双语教学的影响。

至少，日本的双语班学生与常规班学生的成绩持平。考试成绩表明，双语班学生的数学成绩和日语成绩均高于全国平均成绩约一个标准离差。这是非常了不起的，因为数学教学几乎完全采用英语作为教学语言。尽管日语和英语是两种差异很大的语言，但是，在截然不同的东方语言环境、教育环境和社会环境中，实施双语教学不仅能提高了学生的外语能力，而且能保持学生的母语发展和学科发展。经过 STEP 三级考试、ITBS 考试和 LAS 考试的成绩表明，双语班学生的英语听、说、读、写能力取得了明显的进步。与传统的外语教学（ 即每周一次或两次的外语课）相比，双语班学生在学习过程中，很少感受到情感压力，较多地获得某种享受。他们对学习英语表现出相当强烈的热情和动机。添加性双语教学能够促进学生的母语水平，因为第二语言或外语不可能取代或代替学生的母语。

日本双语教学的主要特色有：使用多元教学策略，实施小班化教学，因材施教；按主题综合教学；增加学生的目标语输出，增强目标语思维；通过鼓励高中生到海外留学，用英语向世界发送信息，进一步活跃国际交流等途径提高学生英语学习的动机。

（二）德国双语教学的目标语多种多样，其中以英语为目标语的学校数量为冠，以法语为目标语的学校数量排名第二，还有以其他外语为目标语的双语学校。

开设德法双语课程和德英双语课程的思路有所不同。开设德法双语教学主要出于德法伙伴关系的考虑，是政治的需要，而非教育的需要，主要是为了文化交流，而非为了向他国学习科学技术；介绍法国文化，增进对法国的了解是德法双语课程的主要任务之一。所以，德国双语教学界普遍认为社会科学更适合双语教学。德英双语教学主要是考虑到英语在国际上的通用语地位，为了提高学生专业英语的能力，为今后在大学阶段接触最先进的学科知识打下良好的英语基础，更好地进行国际交流。所以德英双语教学课程的选择更看重适合开展活动的、情景性较强的、利于发展学生英语表达能力的科目，考虑双语教学在各年级的连续性、学生英语水平与学科核心内容的衔接性、师资条件等。

对于德外双语教学取得的成绩，双语教学界给予了高度评价。以德—法双语教学为例。学生不仅在法语的日常表达方面体现出相当强的能力，而且在专业外语方面也达到了一定的高度，比非双语班的法文成绩明显要好。事实表明，双语班的双语学科课程成绩也明显好于非双语平行班。虽然在双语教学初始阶段，由于语言障碍可能会出现学科成绩的下降，但只要继续开设双语课，成绩下降很快得到反转。主要原因是双语教学促进了学生认知能力的发展，从而促进了他们的专业学习。德英双语教学的课程设置与德法双语基本一致，从学生参与双语课的自愿原则到绩效评价标准，两者都显示出很大的相似性。

（三）澳大利亚各地开展的双语教学，大部分取得了预期的效果。

双语班学生的学业成绩和竞赛成绩都优于常规班学生；双语班学生不仅乐意接受双语教学，而且乐意向其他学生宣传双语教学。他们认为，接受双语教学本身就是一种智力挑战，非常有助于自身的学术发展。学生家长逐渐对双语教学表现出极大的热情，他们明显意识到双语教学获得成功的可能性。墨尔本大学语言学专家认为，双语教学有助于学生的认知发展。

澳大利亚的双语教学至少有以下特点。强有力的政策保障：鼓励性政策是澳大利亚英外双语教学健康发展的“尚方宝剑”，澳大利亚联邦政府的政策支持移民社区的双语教学。良好的双语教学环境：澳大利亚良好的双语教学环境是英外双语教学的实施成功的“催化剂”，澳大利亚社区语言在多语媒体（非英语语言的报刊杂志、政府资助的非英语“特别广播节目”、书店和公共图书馆提供的各种外语资料）的使用十分有利于双语教学。比较完善的理论支持：澳大利亚语言与教育研究权威的理论为澳大利亚的双语教学提供了强有力的科学支持；试点学校的创新意识强。社会各方的支持足：上级教育管理部门、州政府、社区、社团、家长、学校、教师、学生以及外国政府积极支持双语教学。

在国际比较研究与本土实验实践的基础上，课题组达成了共识，创建了适合中国的、积极有效的小学双语教学模式——综合英语教学模式。综合英语教学模式与以往的双语教学流派的有重大区别，在理论上有重大突破与重要创新，实验成果丰富，实践效果引人瞩目。

在理论上，创建了一个具有较高科技含量的实验理论体系，实现了双语教学模式上的重要创新，即教学目的创新：在综合的基础上实现以发展为目的的新教学，教学策略创新：实施综合性全情景真实语言教学；教学内容与手段创新：创建综合多学科知识与多样手段于一体的教学形式；评价创新：发展性综合评价；课堂教学模式的创新：实现“五大转变”。这五大转变是：教学语言上，从使用汉语教学转向使用英语教学（from Chinese to English）；教学方法上，从先认读转向先活动（from reading first to activity first）；教学目的上，从词汇性教学转向整体性教学（from word to sentence）；教学思想上，从知识性教学转向能力教学（from knowledge to ability）；教学体系上，从零散、单一性教学转向综合性教学（from single teaching to integrated teaching）。

与目前的其他双语教学模式相比，综合英语教学模式既克服了现行小学英语教学的问题，建立了理论指导实验实施的工作体系；创制了系统的课程标准、教材体系和评价框架。

实践上，该课题历经数年先后在全国五十多所不同体制、不同条件幼儿园和小学开展实验，均取得优良成果，有利地推动了地方的小学英语教学，创建了综合英语教学模式。其突出特点是在研究国内外各种外语教学经验教训的基础上，走出简单模仿国外双语教学的形式，通过扬弃吸收双语教学的基本原理，创建有中国特色的新双语教育体系。因此，该模式突出遵循人的发展规律、语言发展规律和外语教学规律这“三大规律”，重视转变英语教学功能，坚持“用英语来学习相关科目知识中获得英语”的双语原理，变背记式外语教学为主动习得的外语学习，促进了学生整体潜能、多种语言和高级思维的“三大加速发展”，学生不仅语言发展快，智力得到整体上的进步，各科成绩也有显著提高，而且积极进取，人格发展健全，实现了总课时不增加，学生学得好，学得主动，在外语获得本质提升基础上学生整体素质发展显著的目的。该模式不仅解决了中国长期存在的外语教学教不会的问题，而且旨在通过对不同地域不同学校中取得的经验系统化，从实现一个英语学科突破，到重新对小学课程进行整体设计，再到设计以双语为核心的基础教育阶段课程新体系的三步推进体系，从而使英语教学研究形式得到新发展：实现教育学家与语言学者的协作互动，实现高校与幼儿及小学基础教育的连接，实现教育理论研究与教育实践者的合作互动，创建由英语学科的有机整合来实现从小学到初中阶段相关学科课程综合化，形成具有中国特色的、全面素质教育的九年义务教育阶段课程模式，走出一条新的基础教育外语教学的路子，既提供独特的中国式样的双语教育新经验，也为推进中小学素质教育，深化课程改革，作出了新的探索。

论点摘要

大学生道德人格特点及其教育干预研究

燕山大学杨文华主持的全国教育科学“十一五”规划教育部重点课题“大学生道德人格特点及其教育干预研究”得出如下结论。

1. 道德人格的形成与文化有关

研究批判地分析弗洛伊德的无意识决定论，借鉴巴尔斯（Barrs）的新近研究成果，认为道德人格处于文化之中，其外围自下而上地分布着文化无意识、文化意识、文化精神和文化价值；其内部自内而外包含价值性要素、知识性要素、实践性要素三种成分。在这种外形与内构的过程中，政治文化、伦理文化、人文文化、科学文化成为道德人格的居所，使人从某种价值准则出发，支持或否定某些活动，给人类活动以规范。不同的文化形态对人格向度的发展有着不同的促进效应：科学文化建构道德人格的思想原则；伦理文化建构道德人格的行动原则；政治文化建构道德人格的组织原则；人文文化建构道德人格的审美原则。它们分别赋予道德人格不同内容、不同风格的特质。

2. 大学生道德人格的发展与文化有关

文化经济时代，大学生道德人格的形成在一定程度上与中国文化的变革有关。研究依据马克思的利益论，从计划与教化、市场主体与大众意识以及上层建筑的互动关系入手，把对道德教育问题研究的“从上往下看”与“从下往上看”结合起来，多层次地研究上层建筑与大学生文化实践疏离的内在根源。借鉴“历史—文化”的二元分析解释模式，结合比较研究，剖析了文化全球化中强势文化的侵入对它的外在冲击。运用科学哲学和未来学的理论，分析新技术革命对当代大学生的巨大影响，科学技术取得了权威，伴随文化生态格局的变迁，大学生道德人格教育面临科学主义的持续压力。个体意识的疏离、强势文化的侵入、科学主义的持续压力孕育着大学生道德人格教育变革的文化张力。

3. 大学生道德人格的培育与文化有关

文化时代的来临推动着道德人格教育日益从精英化转向大众化，一方面要继承优良传统，另一方面要走出传统价值困境，大力推进文化创新，进行反映大众精神的知识传输，唤起大学生的文化热情，使当代大学生更富于智慧。文化实践的全球化推动着大学生价值取向的变迁，其道德人格的培育应高扬文化自觉，以一种更具普遍性的利益追求，突破民族、区域的局限，覆盖普世性的理想价值、情感价值，追求生命优化，以和谐共荣的理念规范意义世界，并进一步引领更广泛的生活实践。同时，技术社会消解了文化特权，道德人格培育应进入到一种共时的、平面的、开放的文化场阈，赋予大学生充分的理解自由，在实践方式上由主要的强力灌输转换为柔性渗透的方式，使崇高信仰转变成日常行为本身。

医学教育国际标准的引入与高等医学教育人才培养的研究与实践

中南大学卢捷湘主持的全国教育科学“十一五”规划教育部重点课题“医学教育国际标准的引入与高等医学教育人才培养的研究与实践”，采取理论研究与实验研究相结合的方式，理论研究指医学教育国际标准的引入与本土化，实验研究指理论指导下的人才培养模式改革。通过目标确定、改革实施和效果评价，得出如下结论。

1. 医学教育国际标准提供了本科医学人才培养的国际化参照系

《本科医学教育国际标准》和《全球医学教育最基本要求》（GMER）虽然侧重点各有不同，但其指导医学教育改革，提高医学教育及医疗服务质量，推进医学教育国际化的根本目的是一致的，为各国或各院校医学教育改革发展提供了一个国际化的参照体系。

两套国际标准的制定站在了医学教育全球化的高度，充分体现了医学模式转变、教育终身化以及医学教育国际化趋势，标准体系科学、完整，标准内涵系统、全面，在坚持核心内容统一的基础上，鼓励特色发展。

两套标准的问世得到了世界上较多数国家的认同，已经成为制定本国或本地区医学教育标准或认证制度的重要依据。两套标准自颁布以来，已被译为二十余种文字，在全球产生了巨大影响。

2. 我国医学教育人才培养与医学教育国际标准比较差异明显

我国高等医学教育人才培养比较医学教育国际标准，既有一定的吻合性，也存在较大的差距。这些凸显的差异即反映了适应社会卫生服务需求和医学教育国际化趋势，建立本国特色的医学教育标准，并在标准指导下对人才培养体系的各个环节，包括人才培养目标、课程结构、教学内容、教学方法、教学评价等诸多领域进行深化改革的紧迫要求。

3. 引入医学教育国际标准是十分必要和适时的

首先，医学教育国际标准符合我国医学教育改革发展的政策精神。卫生部、教育部颁布的《中国高等医学教育改革和发展纲要》提出：中国加入WTO将促进医学教育深层次的改革，从而加快医学教育国际化的进程；加强医学生全面素质、创新精神和实践能力的培养；把医德和医术培养结合起来，强化基本技能训练，提高分析问题和解决问题的能力；逐步完善教育评估制度，形成医学教育质量评价监控体系；加强文、理、医学科渗透和多学科交叉融合，积极吸纳反映医学模式、卫生服务模式转变所必需的各种新概念、新知识、新技能，注重课程体系的优化整合。这些政策精神与国际标准的核心内容有相当的吻合之处。

其次，国家教育部明确表示支持引进和试行医学教育国际标准，提出“积极研究并学习和借鉴医学教育国际标准是十分必要和适时的”，并牵头组织了“中国医学教育质量保证体系研究”课题组，重点进行医学教育国际标准的本土化研究，制定本国的医学教育标准和认证体系。国家政策支持提供了医学教育国际标准本土化研究的良好环境。GMER自颁布后即在中国的8所院校首先进行试点研究与实践。

最后，在部分院校进行医学教育国际标准的本土化研究与实践的时机已经成熟。从外部环境来看，我国的社会主义市场经济迅速发展，人民生活水平大幅度提高；法制渐趋健全，医师职业从业制度逐渐完善；教育投入加大，教育事业发展更加受到重视等。从内部环境来看，我国医学教育改革发展深入进行，为医学教育国际标准的本土化奠定了扎实基础。如随着医学院校管理体制改革的深入，医学教育创新人才培养的环境得到了较大改善。通过实施“面向21世纪高等医药教育课程体系和教学内容改革计划”、“21世纪初高等医药教育发展战略规划”，在高等医学教育的各领域取得了不少改革成果。

4. 引入医学教育国际标准必须结合我国国情

医学教育国际标准的引入必须要结合我国的国情。医学教育国际标准的引入既要主动适应医学教育的国际化趋势，也必须全面贯彻党的教育方针。引入医学教育国际标准同样必须结合我国的卫生国情，必须全面贯彻“以农村为重点，预防为主，中西医并重，依靠科技教育，动员全社会参与，为人民健康服务，为社会主义现代化建设服务”的卫生工作方针，医学教育改革发展应适应社会卫生服务需求，应与我国经济建设和建立覆盖全民的基本医疗卫生制度相适应。

医学教育国际标准的引入也要结合我国医学教育的现状。实施医学教育国际标准，涉及办学宗旨和培养目标、教学计划和考核评价、师资队伍和教育资源，以及如何建立和完善认证制度等诸多方面，因此，引入并本土化应该是一个平稳、和谐与渐进的过程，必须实事求是，具体情况具体分析，分期分批分阶段实施，在进行试点取得经验的基础上逐步推广，不搞一刀切和齐步走。

医学教育国际标准的引入同样要考虑区域性特点和各院校的特色。我国东部与中、西部以及城乡之间的卫生资源分布不均衡，各区域医疗卫生现状及需求也不尽相同。而服务于国家或区域的卫生需求，各医学院校的人才培养面向也各具特色。有的医学院校面向全国培养，有的定位于为区域经济建设和卫生事业发展服务，培养面向社区、面向农村的应用型人才。即使是人才培养目标定位一样的医学院校，人才培养过程也各具特色，如有的医学院校仍实施以学科为中心的人才培养模式，有的则广泛进行了课程整合，实施器官系统课程设置模式。

现代远程教育制度创新的研究与实践

湖南广播电视大学周礼良主持的全国教育科学“十一五”规划教育部规划课题“现代远程教育制度创新的研究与实践”得出了如下结论。

1. 现代远程教育制度创新的现状分析

初步构成了我国现代远程教育的制度规范和体系，体现了我国现代远程教育制度创新的成果，对保障和促进现代远程教育又快又好发展有着十分重要的意义。同时也认为我国现代远程教育的制度建设与创新，与形势发展、社会寄望、自身需要还不相适应，存在很大差距和改进空间。这些差距和问题，主要表现在：一是创新意识还不强，对现代远程教育制度创新的重要地位、作用没有引起足够的重视，没有形成足够的创新环境和气氛。二是制度供给不足。三是制度体系不健全。

2. 现代远程教育制度缺失分析

从政策层面上来看，现代远程教育制度缺失表现在以下几个方面：一是政策执行的失真；二是政策制定缺乏系统性；三是法律法规建设的滞后。

从现代远程教育市场层面来看，现代远程教育制度缺失表现在以下几个方面：一是政府角色定位的模糊；二是缺乏公正的竞争环境；三是缺乏约束机制和监督评价机制。

从现代远程教育自身层面来看，现代远程教育制度缺失表现在以下几个方面：一是办学指导思想不明确；二是自我约束能力不强；三是教学平台和教学资源建设无序；四是学习支持服务不到位。

3. 现代远程教育制度创新的基本思路与框架

课题研究提出了现代远程教育制度创新基本思路。即：从现代远程教育发展和制度发展实际出发，以科学发展观为指导，以“目标引领、内容支持、主体推动”为构件，积极发挥各级制度主体的积极性，加快建立健全现代远程教育各项法规制度，逐步实现远程教育制度化，形成宏观、中观、微观“三种制度”相结合的现代远程教育制度体系，实现制度均衡供给，为现代远程教育的持续发展提供制度保障。

在此基础上搭建了现代远程教育制度创新的基本框架，框架根据远程教育实际，从“最简”的视角设计，由目标系统、内容系统、主体系统组成。目标系统是指制度构成，内容系统指制度基本内容呈现，主体系统指制度制定的主体。其中目标是导向，起引领作用；内容是基础，起支撑作用；主体是关键，起推动作用。“三者”相互关联，相互作用，互为前提。框架体系可简要表述为三句话：目标引领、内容支持、主体推动。

4. 现代远程教育制度创新的价值取向

根据现代远程教育制度创新的基本思路和基本框架，提出了现代远程教育制度创新的价值取向。一是以人为本的价值取向。现代远程教育要把人民群众的需求，为大多数人谋利益作为制度创新的基点和归宿，创新成果大家分享。二是公平效率的价值取向。现代远程教育的制度建设与安排，既讲公平又讲效率，要把公平与效率这两种看似矛盾的价值取向统一起来。三是均衡发展的价值取向。现代远程教育的制度建设与创新，要对所涉及的各个方面作出规则，不能顾此失彼，或自相矛盾，以失去制度自身的约束力和质量。制度与制度间也需要均衡发展。制度是因需要而存在的，要根据变化了的情况作新的制度安排，以保证制度的有效供给。最后要坚持以市场化为导向的价值取向。在现代远程教育的制度建设中，应尽量采用渐进性的变革策略，并在考虑国情和现代远程教育发展水平的前提下，尽量以市场化的运行机制来克服。

5. 现代远程教育制度创新的路径选择

现代远程教育制度创新的路径选择，一定要把在“现实生活”中的“可行”作为标准，要把能否带给中国社会、中国远程教育和中国老百姓实际收益和实惠作为依据。

针对我国原先采用的自上而下的模式的弊端和不足，结合当前我国的改革正在转入“存量改革”阶段。提出推进现代远程教育制度创新，其路径要重心下移，确立了把自上而下与自下而上有机地结合起来，形成合力，形成上下结合制度创新的路径选择。

6. 完善现代远程教育制度的创新选择

课题从三个不同的层面提出了现代远程教育制度创新的途径和措施。

政策层面的创新选择主要包括：一是要科学制定和完善现代远程教育政策建设。二是要提高现代远程教育政策的执行力。三是加快现代远程教育法律法规建设。

现代远程教育市场层面上的创新选择主要包括：一是政府要尽快实现角色的转变。二是建立宽松、公平的市场环境。三是要建立现代远程教育市场规则。四是培育和发展社会中介机构。

现代远程教育自身层面的创新选择主要包括：一是构建“经营”型的办学模式。二是完善自我约束机制。三是改革管理体制。

7. 现代远程教育制度评价

从概念界定、价值取向、作用、参照标准、方式、过程等方面系统、全面探讨了现代远程教育的制度评价问题。结合我国远程教育教学管理的实践，提出了促进具有中国现代远程教育特色、符合现代远程教育教学规律、以服务学习者为中心的完整、开放、规范、协调的制度体系的形成的现代远程教育制度评价目标。

以价值取向、表现形式、制度内容和制度执行四个维度构建现代远程教育制度评价的标准参照体系；从一般意义上的基本方法与理论初步完成了对远程教育制度评价框架的基本架构。

当前我国中小学校布局演化的态势及对义务教育均衡发展的对策建议

韩清林
（河北省教育厅）

《国家中长期教育改革和发展规划纲要（2010～2020年）》提出："到2020年，全面提高普及水平，全面提高教育质量，基本实现区域内均衡发展，确保适龄儿童少年接受良好义务教育。"要巩固提高九年义务教育水平、推进义务教育均衡发展的关键是：在未来10年间，义务教育学校将呈现什么样的基本走向？如何缩小校际之间、城乡之间的差距？公共教育资源向什么地方重点配置、如何配置？在中国加速实现工业化、城镇化的新时期，需要正确估价当前和今后一个时期县域农村义务教育学校布局演化的基本趋势，从而科学确定公共资源配置的基本方向，为政策选择提供依据。

一、全国小学布局演化的基本态势：以乡村为主走向城乡一体化

（一）伴随初等教育普及，小学校数经历了逐步增加到逐步减少的演化过程

1949年，全国有小学34.68万所，在校生2 439.1万人；1965年，发展到168.19万所，在校生达到11 620.9万人，小学教育规模比2007年还多出1 000多万人。"文化大革命"结束后的1978年，学校数为94.93所，在校生14 624万人；1985年，校数减少到84.23万所，在校生13 370.2万人；1990年76.61万所，2000年55.36万所，2007年32.01万所。从1978年到2007年减少了62.92万所，平均每年减少2.17万所；其中从2000年到2008年的8年，减少了25.28万所，平均每年减少3.16万所。

但小学还有相当数量的教学点。研究小学布局调整仅仅计算小学是不够，并不能完全放映小学布局调整的全貌。如果仅以学校数为标准计算，从1990年到1998年小学减少了15.6万所，调整幅度很大。但加上教学点数，则仅减少10.65万所。从1998年到2008年，学校数减少了30.88万所，而校点数则减少了42.93万。

（二）近六十年来小学校均规模经历了持续扩大的发展过程

学校布局调整的根本目的是优化教育资源配置。而校均规模是衡量学生、教师、教学资源等办学要素合理与否与办学水平高低的基本衡量标准。规模过小，教育资源得不到优化组合，教学质量难以保证。在一类教育普及的初期，学校单位规模偏小是教育质量和办学水平偏低的主要标志。1949～2007年的近六十年，全国小学校均规模大体经历了四个持续发展阶段。

第一个阶段是1949～1965年，校均规模一直稳定在70人左右。1949年，全国有小学34.68万所，在校生2 439.1万人，校均70.33人；1965年，发展到168.19万所，在校生达到11 620.9万人，校均69.09人。第二个阶段是1978～1990年，校均规模徘徊期在150人到160人之间。学

校数由94.93所减少到76.61万所，校均规模由154.05人增加到159.79人，平均每校5个班。这一个时期正处在普及初等教育阶段，12年间校均规模仅增长了3.7%。第三个阶段是校均规模快速增长阶段。1990～2000年，学校由76.61万所减少到55.36万所，校均规模159.79人增长到235.05人，增加了75.26人，10年增长了47%，2000年平均每校7个教学班。第四个阶段是2000～2007年，校均规模由235.05人增长到330.06人，增加了95人，增长了40.4%，2007年平均每校达到9个教学班。

（三）小学教育城镇化进程在明显加快，但农村小学依然是主体，就近入学原则依然是农村小学布局调整的基本政策

1990～2007年，中国城市小学在校生所占在校生总数的比例由10.9%增长到16.6%，提高了5.7个百分点；同期，县镇由10.6%增长到24.1%，提高了13.5个百分点；而农村由78.3%下降到59.1%，减少了19.2个百分点。中国的县镇是城乡混合体，农村孩子的比例一般占到2/3以上。因此，但就整体来说，农村小学在校生依然是主体，应占全国小学在校生70%左右。这种情况说明，小学生就近入学原则依然是农村小学布局调整的基本政策。

（四）校均规模和班额变化标志着全国小学教育的城乡差距在逐年拉大，应坚持城乡一体化发展战略与政策，推进城市和县镇优质资源向乡村流动

1990～2007年，全国城市、县镇、农村的小学校均规模都有变化，但差距明显拉大。从1990年到2007年，农村校均规模由137.63人增长到230.2人，增长67.2%；县镇由308.66人增长到824.77人，增长了167.2%；城市由505.8人增长为1004.28人，增长了98.5%。在一定条件下，校均规模是衡量教育资源优化组合和学校办学水平的重要指标。1990～2007年，县镇与城市差距缩小，农村与城市、与县镇差距拉大。

城市和县镇校均规模大幅度膨胀，办学条件严重不足。学校校均规模变化情况。城市、县镇、农村三类社区的校均规模都在逐年扩大，但扩大的幅度差异较大。城市由506人增长到1 040人，增长了105%，县镇由309人增长到864人，增长了176%，农村由138人增长到234人，增长了69.5%。

农村小班化和城镇大班额显示出城乡小学教育差距在拉大。教学班平均规模是衡量办学条件是否适应教育发展需要的一个重要指标，也是衡量热点校或薄弱校的晴雨表。班额过大表示对生源吸引力大，教学质量高，校舍、教师严重不足，班额适度表示办学条件相对适应，班额偏小表示生源不足。1990～2008年，全国小学平均班额始终处在小班化与适度班额之间，由30.75人扩大到37.12人，并呈现出初年增长的态势。这表明小学的整体水平和办学条件在逐步提高。但就三类社区来看，就呈现不同情况：农村小学始终处在小班化的状态中，17年间稳定在30人左右，46人以上班额仅占18.7%。城市在42人到47.7人之间，多数年份超过了45人的最高限额，2008年达到了47.7人，其中46人以上大班额达到了56.4%。这说明城市小学办学条件不足、校舍短缺问题始终是一个突出问题。县镇小学在1990～2002年，一直处在适度班额范围之内，但从2004年开始，班额超过了国家规定的最高限，正在向大班额逼近。2006年超过了48人，46人以上大班额已经占到58.3%，县镇小学办学条件不足、班额过大问题十分突出。

上述小学布局演化的趋势表明，全国城乡之间的小学教育差距在逐步拉大。推进义务教育均衡发展的重点和难点在优化农村小学教育资源配置，坚持小学城乡一体化战略和政策，大力推进城市和县镇优质教育资源向乡村流动，这是当前和今后一个时期义务教育政策的重点。

（五）从2008年31个省份小学分城市、县镇、农村区域分布情况看，21个省的城镇化率在50%以下

根据2008年教育统计分析，2008年全国小学平均城镇化率为42.65%，其中城市17.46%，县镇25.19%。小学城镇化率在30%以下的有3个省份：云南最低为26.16%，河南28.12%，贵州28.78%；30%～40%的省份有9个：西藏30.8%，甘肃30.99%，广西31.82%，安徽32.08%，陕西33.69%，江西36.02%，新疆37.2%，河北37.94%，青海29.65%；40%～50%的省份有9个：湖北40.29%，山东42.36%，宁夏43.31%，山西43.45%，湖南45%，海南45.95%，辽宁46.3%，福建46.95%，四川48.25%；50%～60%的省份有5个：黑龙江50.85%，重庆52.19%，广东54.61%，吉林

56.03%，江苏56.67%；60%以上的省份有5个：内蒙古69.5%，浙江74.25%，天津79.66%，北京85.02%，上海96.86%。

在上述各省份中，存在显著差异。值得关注的省份有两个：一是内蒙古，小学城镇化率高达69.5%；另一个是河南，地处中原，城镇化率只有28.12%，居全国倒数第二。

（六）县域小学义务教育依然是中国初等义务教育的大头和主体，是中国教育的重中之重

2008年全国县域小学在校生所占比例为82.54%，1990年为89.1%，2000年86.1%，20年间减少了6.56个百分点。这说明，中国的小学教育城市化步伐依然十分缓慢。县域小学教育依然是中国初等义务教育的大头、主体和重中之重。

从各个省的现状看，北京、上海最低，分别为25.51%和55.55%；60%～70%的省份有3个：辽宁62.8%，天津63.28%，内蒙古68.56%；70%～80%的省份有10个：浙江70.03%，广东74.16%，江苏76.25%，黑龙江76.95%，新疆77.19%，山西78.03%，福建78.73%，吉林79%，宁夏79.17%，湖北79.24%；80%～90%的省份有11个：山东80.34%，陕西82.39%，青海84.06%，海南84.87%，河北85.43%，安徽86.82%，四川87.62%，湖南87.71%，河南88.31%，甘肃88.46%，重庆89.21%；90%以上的省份有5个：西藏91.39%，广西91.58%，江西91.66%，贵州91.93%，云南92.85%。

二、中国普通初中布局演化的基本态势：以乡村为主走向城镇化

（一）伴随义务教育普及，初中校数经历了逐步增加到逐步减少的演化过程

从新中国成立59年来普通初中发展变化曲线图看，有三个波峰两个波谷，三个波峰年分别是1978年、1990年、2002年，三个波谷年分别是1985年、2000年和2008年。就整体上来看，59年来中国普通初中学校发展大体经历了四个发展阶段。第一个阶段是1949～1978年，为快速增长期。1949年全国普通初中有2 448所，在校生83.18万人；1965年，发展到13 990所，在校生达到802.97万人；1978年113 130所，在校生4 995.17万人。第二个阶段是1978～1985年，为布局结构调整期，通过治理整顿，压缩中等教育规模，1980年减少到87 077所，在校生减少到4 538.29万人，1985年进一步减少到75 903所，在校生3 964.83万人。第三个发展阶段是1985～2004年，为初中义务教育普及时期，学校布局处在稳定期。1986年《中华人民共和国义务教育法》颁布并实施，2000年国家宣布基本普及九年义务教育。但由于初中入学高峰期一直延续到2004年，因此中国事实上基本普及初中教育应该延续到2004年。1985年全国普通初中为75 903所，2004年为72 897所，1985～2004年的19年间减少了3 006所，一直在7.2万所到8.4万所之间波动。第四个发展阶段是2004～2008年，学校布局调整期，学校数由72 897所减少到57 701所，四年减少了15 196所，平均每年减少3 799所。

（二）伴随初中普及，校均规模逐年扩大

1990年，全国初中校均规模只有458人，平均每校9个班。1990～2000年校均规模增加了393人，2000年为851人，2008年为966人。从城市、县镇、农村三个区域情况看，县镇校均规模增长幅度最大。2007年，县镇校均1 064人、城市927人、农村658人。

（三）县镇、农村普遍存在亟待解决的初中班容量过大问题

在班级授课制的情况下，班容量大小是衡量教育发展水平的重要指标，就宏观上来说，发挥着两个方面的衡量标准作用：一是办学条件适宜程度衡量标准，如果班容量过大，或者校舍不够，或者教师不足，或者二者兼有；二是学校均衡发展衡量标准。从城市来看，初中班容量在50人左右，而县镇在2002年以来平均达到58人，农村也曾达到57人。这说明，县镇和农村初中班容量过大，办学条件严重不足。

（四）初中学校城镇化进程大大加快，城镇在校生达到了60%

初中学校数变化情况。城市初中先增后减，基本保持平衡。1990年10 779所，1996～2004年保持在12 000多所的水平上，2007年减少到11 292所。县镇初中持续增长。1990年12 772所，到2007年发展到22 836所，增长了78.7%。农村初中持续减少。1990年60 848所，此后逐年持续减少，2007年减少到34 111所，仅相当于1990年的56%。

初中学校布局呈现出明显的城镇化发展趋向。我们将全国城市、县镇、农村初中在校生占在校

生总数的百分比称之为区域结构比，分别为城市区域结构比、县镇区域结构比、农村区域结构比，城市和县镇在校生所占百分比为初中教育城镇化率。1990 年，城市、县镇、农村三类区域结构比分别为 15.5%、18.1%、66.3%，初中教育城镇化率为 33.6%，农村初中为 67.4%，占绝对优势。到 2008 年，城市、县镇、农村三类区域结构比分别为 19.1%、43.8%、37%，初中教育城镇化率达到了 63%，农村初中在校生比重降低到 37%。

2007 年县镇初中在校生超过了农村初中在校生。2007 年在中国义务教育发展史上是一个重要的年份：县镇初中在校生超过了农村初中在校生，城市和县镇初中成为中国初中教育的主体，农村初中降低到 40% 以下。这种结构性变化意味着，伴随工业化、城市化进程的加快，2004 年全国初中入学高峰期渡过之后，初中教育加快了布局调整进程和城镇化进程，初中教育资源的城镇聚集度明显加大。2004～2007 年的三年间，农村初中在校生减少 924.95 万，下降了 29.1%；教学班减少了135 866个，下降了 24.8%。

这种结构性变化意味着，全国初中学校开始加快进入城镇化。

（五）初中学校城镇化已经成为全国各个省区农村义务教育发展的基本趋向

伴随经济社会发展的工业化、城镇化，学校城镇化也正在成为一个不依人的主观意志为转移的教育客观事实。高中阶段学校在 20 世纪 90 年代就已经实现了城镇化。到 2008 年，全国初中学校城镇化率已经达到 62.9%，农村初中在校生所占全国初中在校生的比重减少到 37.1。在全国 31 个省份中，陕西省初中学校城镇化率最底，仅有 36.8%，其次是新疆 42.5%，甘肃 48.9%，河南 49.55%。有 27 个省（市、区）的普通初中城镇化率超过了 50%，其中 50%～60% 的省份有 9 个：辽宁 50.9%，湖北 51.1%，安徽 51.2%，江西 52.3%，青海 58%，福建 58.2%，黑龙江 58.2%，云南 59.2%，贵州 59.6%；60%～70% 的省份有 6 个：山西 60.2%，湖南 61.4%，江苏 61.8%，河北 63.5%，宁夏 66.6%，山东 68.8%；70%～80% 的省份有 6 个：四川 70.8%，吉林 71.8%，天津 75.1%，重庆 77%，广东 78.5%，海南 79.1%；80%～90% 的省份有 4 个：广西 81.1%，北京 85.1%，内蒙古 85.5%，浙江 87.8%；90% 以上的省份有 2 个，西藏 98.9%，上海 99.3%。

从上述各个省份的初中学校城市化率分布情况看，决定学校城市化率高低的因素主要有两个：一是客观因素，区域经济社会发展的工业化、城镇化水平从根本上决定着中等学校的城镇化聚集程度，工业化、城镇化水平越高，中等学校城镇化水平也就越高；反之，亦然。二是主观战略与政策因素，由于在发展初中教育上采取了不同的发展战略和政策，使各个省（市、区）的初中学校城镇化率呈现出较大的差别，内蒙古自治区经济社会发展水平较低，但由于采取了中等学校优先城镇化发展战略，初中学校城镇化水平达到了与上海、北京近似的水平。

实践证明，中等教育城镇化水平与工业化、人口城镇化水平高度相关，但二者并不同步，有很大的差异。1990～2007 年的 18 年，中国普通初中的城镇化率平均水平高于人口城镇化率 11.89 个百分点，2004 年后，随着初中的巩固提高带来的布局调整，教育的城镇化率明显提高，2007 年高出人口城镇化率 15.86 个百分点。西藏、内蒙古、广西三个省份虽然都属于少数民族自治区，经济社会发展水平偏底，但由于自治区政府借助中央的财政支持，在普及九年义务教育进程中，在初中建设上采取了城镇化发展战略，初中布局向县城和较大建制镇集中，初中城镇化积聚度明显高于其他省，西藏 98.9%，仅次于上海，位居全国第二，内蒙古 85.5%，仅次于浙江，位居全国第四，广西 81.1%，仅次于北京，位居全国第六，分别达到了基本实现了初中城镇化的目标。

（六）县域初中教依然是中国初中义务教育的大头和重点

根据 2008 年统计，全国县域初中在校生占总数的 80.9%，1990 为 84.5%，2000 年 83.3%。说明近 20 年来全国初中的县域初中教育所占比例变化不大。

从各省情况看，存在较大的差异。50% 以下的省份有 2 个，北京 27.9 %，上海 49.8%；60%～70% 的省份有 4 个：辽宁 61.7%，天津 64.4%，内蒙古 66.4%，浙江 69.8%；70%～80% 的省份有 8 个：宁夏 71.4%，黑龙江 71.9%，山西 74.8%，新疆 74.9%，广东 76%，吉林 76.1%，山东 77%，江苏 79.2%；80%～89.9% 的省份有 13 个：福建 80.3%，湖北 80.3%，青海 80.5%，河北 82.4%，

陕西84.3%，海南84.8%，安徽85.1%，湖南85.6%，河南85.8%，四川86.4%，甘肃87.2%，西藏89.2%，江西89.6%；90%以上的省份有4个：重庆90%，贵州90.4%，广西90.6%，云南92.4%。

三、对2020年前全国义务教育巩固提高与均衡发展的建议

（一）坚持以农村义务教育为重点，牢固确立县域教育是我国教育的长期战略重点的基本政策

建议进一步重视并确保农村的义务教育、学前教育、高中阶段教育的重点战略地位，防止忽视和放松农村教育工作的倾向，把解决好农村义务教育、农村学前教育、农村中等职业教育、农村普通高中教育问题作为党和国家教育工作的重中之重，稳定和完善党和国家的农村教育基本政策。在进一步推进中等学校城镇化的进程中，突出强化农村教育的基础设施建设，加强涉农专业的职业教育，加强农民教育和培训，加强小学和幼儿园的城乡一体化建设，努力形成城乡教育发展一体化新格局。

（二）大力推进农村小学教育的城乡一体化政策，在偏远乡村建立新的教育分层体系，切实重视义务教育城镇化进程中面临的“再普及”新任务

义务教育均衡发展的难点、重点在农村。70%的小学义务教育人口在乡村。要把推进县域小学义务教育均衡发展摆在解决民生问题的首位，把加强农村小学义务教育薄弱学校建设，缩小城乡之间、校际之间的差距作为首要任务来抓，努力实现县域范围内小学义务教育学校的办学条件、基础设施、教师队伍、学校管理、教育教学等方面城乡一体化目标。

偏远乡村教学点的存在是长期的，要在偏远乡村建立新的教育分层体系。小学举办寄宿制学校应从三年级开始。小学一、二年级实行就近入学应该是一个长期的基本政策。在加快普及学前三年教育的形势下，把学前三年和小学一、二年级合并办学，实行幼小一体化管理，这样既能利用小学校舍资源，又能保持小学的一定规模，满足当地社区文化发展的需要。构建新的农村教育层级体系：学前三年和小学一二年级为第一级，小学三、四、五、六四个年级为第二级，初中三年为第三级。

中共中央、国务院2010年1号文件《中共中央国务院关于加大统筹城乡发展力度，进一步夯实农业农村发展基础的若干意见》的发布，标志着我国的城镇化建设进入新阶段。城镇人口将会以超过任何一个时期的速度加速增长，这将会进一步加剧城镇义务教育、学前教育的“入学难”问题。对此问题要按照义务教育城镇化的总要求，站在城镇义务教育“再普及”的高度来认识，将其作为全国义务教育巩固提高的重点任务，下大力气予以解决。

（三）调整县域初中阶段义务教育投入政策，建设一批标准化小学和幼小一体化学校

中小学布局调整直接决定着县域教育的资源配置、质量提高、均衡发展与教育公平，必须确立用学校布局调整统揽县域义务教育全局的理念。长期以来，农村教育是国家资金投入的重点，但在农村初中学校加快城镇化的情况下，如果固守原有的以乡村为主要目标的投入方向，就会造成新的资源浪费，而学校建设城镇化所需要的资金却得不到保障。因此，国家应该确立新的义务教育投入政策，把县域教育作为农村教育的整体，统筹乡村和县镇的教育投入，实现县域教育的均衡发展。各地在规划设计《教育规划纲要》项目时，要充分考虑这一情况，实施“县域初中建设”项目，给县级政府留下布局调整的空间。

2004～2015年是全国初中教育学龄人口低谷区，也是初中布局调整的最佳时机，每年将减少3 000所到4 000所初中，将这些初中不失时机地改建为寄宿制标准化小学，将会撤并15 000所左右的小学。各地在农村中小学布局调整过程中，要防止原有教育资源的浪费，可借此机遇发展一批幼小一体化的学校，加快农村公办幼儿教育发展步伐。要按照初中学城镇化、小学和幼儿园城乡一体化的原则，以建设标准化学校、推进义务教育均衡发展为目标，充分论证、统筹安排，稳妥实施。

（四）在国家教育部教育统计指标中将“农村”改为“乡村”

多年以来，国家教育统计将区域教育统计分为：城市、县镇和农村三类区域。“城市教育”是指大中城市市区的教育；“县镇教育”是指县域范围内的建制镇教育；“农村教育”是指乡村教育。

但在实际统计中，存在一定的误区。“乡村教育”中基本都是农村教育，“县镇教育”却是城乡结合部，包括了城镇非农人口教育和农业人口教育。“农村教育”人口包括了乡村全部和“县镇”大部分农业人口的教育，即农村教育人口 = 乡村教育人口 + 县镇农民教育人口。农村教育是一个综合概念。“农村教育”大于“乡村教育”。因此，建议国家把区域教育统计指标改为：“城市”、“县镇”、“乡村”三个指标，用“乡村”取代“农村”。

提升高校应对突发事件能力的十大路径

陈　光
（浙江纺织服装职业技术学院）

在全球化进程和社会转型日益加快之际，我国正处于社会矛盾的凸显期、刑事案件的多发期和意识形态斗争的复杂期，影响高校安全稳定的突发事件的诱因大量存在。高校作为人才培养的重要基地，提升其应对突发事件的能力，既是做好教书育人工作的客观需要，也是维护安全稳定大局的紧迫任务。

一、强化“第一保障”，提高认识能力

高校的安全稳定，事关师生员工的生命财产安全，事关千家万户的幸福安康，事关高校和社会的和谐发展。

高校历来是各类文化思潮交流碰撞的地方，校园已经成为各种思想文化较量的前沿。从国内情况看，人均 GDP 处在1 000美元到3 000美元的发展阶段，经济社会的转型加快了文化思想的传承；改革开放的不断深入，使得一些深层矛盾相继暴露，社会热点问题和焦点问题骤增，这些因素势必给高校的安全稳定带来不利影响。

从高校自身来看，高等教育大众化，扩大了高等教育规模，但同时存在着“软件”方面未能跟进的状况；高等教育园区化，实现了有限资源的充分利用，但同时存在着容易引发群体性事端的可能；高校后勤社会化，解除了“学校办社会”的沉重负担，但同时存在着投资主体与消费主体的利益冲突；高等教育国际化，促进了中西文化的交流吸纳，但同时存在着多元文化与不同价值观的相互碰撞。

面对这种形势，我们要提高思想认识，坚持安全稳定是“第一保障”的发展原则，把提升应对突发事件的能力当做重大问题来抓，努力做到“防患于未然”、“应对于其时”，切实维护好高校的安全稳定。

二、捕捉“第一信号”，提高判断能力

要特别关注突发事件前的“第一信号”，及时捕捉影响安全稳定的某些征兆，准确判明酿造不良事端的种种苗头。

社会燃烧理论的专家指出，社会系统从井然有序到杂乱无序，再到最终爆发重大突发性危机事件，其内在机理实质上是一个从量变到质变的过程，当形成危机的因素积累到一定程度，并在“导火线”的作用下，危机即会发生。这为关注“第一信号”、提高判断能力提供了理论依据。

要正确判断突发事件发生的“第一信号”，势必应当提高预防和应对突发事件的判断能力。事件发生前，能及时关注到种种“第一信号”，明确判断出是否会发生，何时会发生；事件发生时，要能快速判断出事件的性质、规模和演变的趋势，制定出切实可行的对策；事件发生后，要对参与者的思想情绪作出预测判断，注重对人们的心理行为进行跟踪分析，掌握其发展态势，采取针对性措施。

三、抢抓“第一时间”，提高反应能力

力求在“第一时间”作出恰当处置，是高校应对突发事件的一条基本准则。

突发事件具有来势急、影响大、扩散性强等特征，一旦发生，必须在最短时间内采取最有效的措施。

一是反应快速迅捷。领导干部要在一线指挥，相关人员应即刻到位，尽快开展工作。同时，迅速向上级组织和新闻媒体通报情况，以便协调指挥，引导舆论。

二是定性准确恰当。迅速弄清事实，查明原因。若反应慢、行动迟，易失去最佳工作时机。要本着可

散不可聚、可解不可结、可疏不可激的原则，做好解疑释惑、疏导教育工作。

三是决策果断有力。在尽可能短的时间内掌握事件的全貌，抓住关键，作出正确决策，采取有力举措，尽最大努力缓解、化解矛盾，防止事态扩大，这是关系事件处理成败的关键因素。

事实表明，决策人物面对突发事件的快速反应能力至关重要。从美国发生“4·16”校园枪击案的过程来看，弗吉尼亚理工大学校方和警察反应迟缓，处置不力。枪手杀害两名学生后，校方和警察没有及时采取果断措施，没有及时组织学生立即疏散或撤离，导致两个小时后枪手又返回教学楼枪杀了30人。因此，只有在突发事件发生的“第一时间”内迅速作出反应，才能将突发事件带来的损害降低到最低程度。

四、筑牢“第一防线”，提高化解能力

筑牢“第一防线”就是要防微杜渐，牢固构筑预防突发事件的“万里长城”。

1．抓好基层应急预案的制订工作

按照职责清晰、简明扼要、操作性强的原则，各高校应督促基层制订出应急预案，形成校园内“横向到边、纵向到底”的预案体系，做到不管事情发生在哪个层面，都能沉着应对，妥善处置。

2．抓好不同群体的动态分析工作

了解不同群体的动态非常重要，尤其是在敏感时期，应及时做好信息搜集、分析、归类和报送工作。对于某些特殊群体，应随时了解其所思所想，及时掌握思想动向，针对有可能引发不稳定隐患的可疑迹象，提出具体可行的应对策略。

3．抓好安全稳定隐患的排查工作

坚持分散排查与集中排查、全面排查与专项排查相结合的原则，落实到教学、科研、管理、生活等各个环节，深入到公寓、食堂、教室、实验室、图书馆等各种活动场所及重点部位，不留空白，不留死角。对排查出来的问题要定部门、定人员、定时间进行整改，做到从源头上化解矛盾。

4．抓好矛盾的疏导和化解工作

要敏锐抓住那些初露端倪的种种迹象，从偶然性中把握必然性；尽量把问题消除在萌芽状态，化解在基层，拦截在校内；力戒把简单问题复杂化、个别问题群体化、内部问题社会化、局部问题扩大化。切实做到关口前置、重心下移、触角延伸，筑牢维护校园安全稳定的“第一防线”。

五、把握“第一手段”，提高服务能力

理论的研究和实践的发展无不证明：“教育就是服务”。学校开展的一切工作，都是为社会、为学生、为家长提供教育服务。因此，提高优质服务能力，是维持高校安全稳定的“第一手段”。

学校教学、管理等各项工作都应树立为学生服务的思想，坚持以学生的成长、成才与成功为宗旨，急学生之所急，想学生之所想，解学生之所难，办学生之所盼，最大限度地把握“第一手段”，全心全意地提供令学生满意的优质服务。

1．服务于学生的学业需求

“知识改变命运”，青年学生的未来命运和灿烂前景首先要靠满足他们的“学业需求”去自我描绘。把学习的主动权、选择权和督促权交给学生，变“要我学”为“我要学”，变“被动学”为“主动学”，引导学生健康成长、自主成才和走向成功。

2．服务于学生的生活需求

把解决思想问题和解决实际问题结合起来，服务于学生的生活需求，做好对家庭经济困难学生特别是特困学生的帮扶工作，确保没有一个学生因贫困而辍学。

3．服务于学生的心理需求

认真开展心理健康教育，做好心理辅导和咨询工作，建立危机事件心理援助机制。特别要关注和关心性格内向、言行异常、直系亲属或本人有精神病史、遭受重大打击以及失恋的学生，避免大学生自杀、自残和伤害他人事件的发生。

4．服务于学生的安全需求

抓好人身安全、消防安全、交通安全以及防骗、防盗、防劫等安全教育，树立人人重视安全、时时注意安全、事事确保安全的思想，提高大学生安全防范能力。

5．服务于学生的就业需求

要认真做好学生的创业培训、就业指导、政策咨询等工作，努力实现毕业生的充分就业。

六、关注“第一动力”，提高创新能力

创新是大学生成长、成才、成功的“第一动力”，也是开拓高校安全稳定工作新局面的必由之路。

面对复杂多变的新形势、快速发展的新情况、多元思想的新特点，坚持创新理念、提高创新能力，是处理高校各种突发事件的核心和灵魂。

1．观念创新

思想是行动的先导，是推进工作的内在动力。在预防和化解高校突发事件中，应注重为学校的改革发展服务，为学生的成长、成才、成功服务，为经济社会的繁荣进步服务。

2．机制创新

要建立健全党委统一领导，党政齐抓共管，有关部门各司其职、积极配合，全社会高度关注、大力支持的体制机制，使预防和应对突发事件的工作，贯穿教育教学的全过程，落实到教书育人、管理育人、服务育人等各个环节中。

3．方法创新

紧紧围绕当前热点、难点等问题，探索解决问题的新途径、新方法，寻求工作创新的突破点和增长点，真正体现以创新求突破，以创新求发展，以创新求提高，开拓学校安全稳定的新局面。

七、做好“第一学问”，提高研究能力

突发事件的滋长酿成有其规律性，与经济社会的诸种因素也存在必然联系，应该发挥高校科研的专长和优势，把应对突发事件作为当前的“第一学问”来做，深入探讨，切实提高高校的应对能力。

当前预防和化解突发事件工作面临着许多亟待解决的新课题，譬如，如何切实有效地做好大学生的安全教育，如何建立健全预防和应对突发事件的运行机制，如何正确处理高校改革发展与稳定的关系，等等，都需要认真研究。切实探明突发事件的前因后果，洞悉应急预案的科学依据，找到处置化解的有效措施等，把安全稳定工作做得更加理智、扎实和自觉。

八、坚持“第一尺度”，提高绩效能力

“以人为本”是衡量高校安全稳定工作的“第一尺度”。突发事件的发生，往往会伤害到师生员工的切身利益，甚至危及他们的生命安全。因此，应对突发事件的工作，体现了“以人为本”的科学发展观，具有丰富而深刻的人文内涵，也是一项得人心、暖人心的重要“人心”工程。

从“生命高于一切”的角度讲，抓安全、保稳定，做好应对突发事件的工作，确保师生生命财产安全，给师生营造一个安全稳定的良好环境，是高校工作的最大“政绩”，高校领导应将其放在工作的第一位，作为校园安全稳定工作的出发点和落脚点。要从师生员工最现实、最直接、最切身的利益出发，从他们最关心、最盼望、最忧虑的问题入手，以深情的人文关怀和过硬的工作业绩，确保校园的和谐平安。

九、落实“第一责任”，提高执行能力

提升突发事件的应对能力，保障师生生命财产安全，维护高校与社会稳定，是高校领导的“第一责任”。高校领导要把“第一责任”意识熔铸在思想深处，切实提高执行能力。

1．抓工作部署

党委书记、校长作为学校第一责任人，要切实全面地负起总责，对安全稳定工作要亲自部署，要明确各单位、各部门的任务与职责，层层分解任务，层层明确责任，一级抓好一级。

2．抓工作调研

高校领导要经常深入基层进行调查研究。调研中，不仅应坚持问需于师生，而且对问题的解决也应坚持问计于师生，共同研究探讨解决矛盾和隐患的对策措施。

3．抓工作落实

注重分解和细化突发事件处置中的各项任务，切实做到责任落实、制度落实、措施落实。建立健全高校应对突发事件的领导责任制、工作责任制和责任追究制，对因领导不力、工作不落实而造成重大恶性案件、重大群体性事件和重大治安事故的，应严肃追究当事人及相关领导的责任。

十、讲求“第一效应”，提高保障能力

教师威信的建立非常强调与学生见面的“第一效应”，应对突发事件的工作也应讲究“第一效应”。灾害经济学研究表明，事前花一分力量做灾害预防，可以减少十分的灾害损失。美国著名管理学家戴维·奥斯本和特德·盖布勒认为，管理的目标是使用少量钱预防，而不是花大量钱治疗。舍得在预防上投入，是减轻灾害损失最经济、最有效的办法之一。

“技防”在预防和应对高校突发事件中具有不可替代的作用。“技防”设施具有全天候、全方位、灵敏度高、隐匿性强、视野开阔等特点，能起到实时监控作用、事后查证作用、协同联网作用与反复重现作用，能够弥补传统人防、物防的不足，大大提高校园安全稳定的防范能力。

有鉴于此，高校要把“技防”建设纳入学校建设总规划。在对技防设施投入上，既要长远规划，又要立足当前；既要尽力而为，又要量力而行；既要统筹兼顾，又要突出重点；既要把握长远性目标与阶段性目标的统一，又要把握目标与过程的统一。要加大对电视监控、红外报警、无线通信、强光照明、消防设施、机动车辆的投入，形成完备有效的技防体系，有效维护校园的安全稳定。

教育课题研究方法的选择

时俊卿
（北京教育学院）

一项课题的研究方向、目的、任务和内容确定之后，运用什么方法以及如何运用该方法去研究课题，达到研究目的，既取决于研究对象与任务的特点，又取决于研究者驾驭、运用研究方法的偏好和能力。学会选择并熟练运用教育科研方法是进行教育科研工作的重要基本功。

研究方法的确定，即用什么方法去搜集资料，探索事物的原因或关系、联系，寻找规律，证实情况，检验效果，等等。研究方法的选择，就是确定验证假设中采用的途径和手段。在实际的教育教学研究中，研究方法的选择并无成规，有时一项研究可采用几种不同的方法；而往往一种方法又可运用于许多种研究。

一、根据研究内容的性质选择研究方法

在选择具体的研究方式和手段之前，可根据研究的内容确定研究的性质，即课题属于现状研究、比较研究，还是发展研究。根据研究内容的性质就能够初步确定选择研究方式的方向。

1．现状研究类课题，一般可采用观察法、调查法和测量法

例：“北京市中等职业学校财经类学生学习特点的研究”，采用调查法：首先就中心课题设计调查问卷或访问提纲，然后将已确定的被调查学生分类，进行现状调查并作详细记录，探索相互关系，并进行发展变动的调查，追根溯源，总结出现在职高学生学习的本质特点。

课题研究采取中外文献对比法、抽样调查、普遍调查、典型调查和重点调查等各种方法并用的综合方式进行。特别要注意的是：必须使被调查者能充分、默契地配合调查。从研究内容看，该课题属于现状研究，如何客观地了解现状，准确地发现问题和规律，是此项研究的根本目的。因此，选用观察法、调查法和测量法比较恰当。观察法有利于客观地描述研究对象的真实表现，只是研究的范围可能受到局限，研究结果会缺乏一般性。调查法可以用相同的问题同时面对更大的群体，补偿了观察法的不足。反之，观察法也补偿了调查法中研究者的主观性的局限。测量法是更为科学的调查，不过它要立足于观察和调查的基础之上，同时需要相关的理论与技术（如教育统计、测量技术等）的支持。

例：“校内欺负行为受害者的类型、心理特点及干预对策”课题采用的研究方法。

1．被试

本研究将选择小学五、六年级和初中三个年级的500名学生作为被试。被试抽样采用随机抽样的方法。

2．工具

（1）使用“多维同伴受害量表”（Multidimensional Peer Victimization Scale）测查学生受欺负的表现类型，以及各种受害类型的严重程度。

（2）通过对现有研究资料的总结，我们发现受害者与正常个体和欺负者在人格的某些方面有显著的不同。为了验证和进一步探索受害者的人格特征，我们还添加了相关的人格量表：“儿童孤独量表”（Children's Loneliness Scale）测查受害学生的孤独感。“抑郁体验量表”（Depressive Experiences Questionnaire）测查受害学生的抑郁程度。“自尊量

表”（The Self-Esteem Scale）测查受害学生的自尊情况。“防御方式问卷”（DSQ）测查受害学生的防御方式。“自我描述问卷”（SDQ）测查受害学生的自我人格认知。

（3）由于学生受欺负还受到学校和家庭因素的影响，因此在上述研究工具的基础上，我们还添加了与父母教养方式和驾驭特征的相关量表。（略）

依据该课题的研究内容，选定测量方法是较为恰当的选择。需要注意的是，量表的使用可以借鉴和借用，但要注意是否适合已经选定的研究对象。如，所使用的量表、常模是否能够准确代表该研究的所有内容。同时，也要切记如果仅仅只是借用现成的量表，将会影响该研究的价值。

2. 比较研究类课题分两种情况：如果是因果比较，一般采用实验法；如果是相关比较，可采用调查法、测量法和教育比较法等。例：“新课标课堂教学设计应始于学习者分析的研究”（因果比较类研究），研究基本立论：依据新课程标准，区别于传统的教材中心和教师中心的教学思想，应以学习者分析为教学设计的切入点。

为了验证研究假设，即学习者分析是课堂教学设计的前提，我们进行了实验研究。实验自变量：课堂教学设计中对学习者特征的把握水平；实验因变量：课堂教学中学习者主体性的发挥及教学效果。采用单因素循环组实验的操作模式。为便于把握循环组实验的程序，我们将实验程序进行了图示。（见表）

循环组实验程序表

实验　对象	第一轮　实验	第二轮　实验
实验甲组	前测→实验因素→效果	非实验因素控制→效果
实验乙组	前测→非实验因素→效果	实验因素控制→效果
比较分析（甲实验效果 ＋ 乙实验效果）—（甲非实验效果 ＋ 乙非实验效果）		

该研究采用循环组实验的方法，从而保证了实验结果的客观性和准确性。因为进行了科学的实验设计，尽可能地控制了其他非实验因素的影响，实验后的学习者学习成绩优于对比课。这一结果是由于在设计时对学习者进行科学的分析并采取了相应的对策而产生的，如果采用其他方法，则可能难以达到研究的本意。

例：“区域性中小衔接改革研究”（相关比较类研究），从小学到中学，学生开始了人生的又一个新起点。许多新生在进入中学后会发现，中学与小学有诸多方面的不同。解决这一问题的关键在于了解和认识少年期的心理特点，以及如何进行有针对性的教育，培养学生养成良好的学习习惯，掌握学习方法，形成学习自主性。

为了解区域内中学与小学诸多方面的不同，我们分别选取4所中学和3所小学发放调查问卷。问卷调查对象为初中一年级和小学六年级的教师和学生，又选用华东师范大学修订的《学习适应性》量表，从学习技术、学习环境、个性因素和身心健康等多方面对初一年级学生进行考察，以求对学生发展状况进行全面的了解，提出更科学合理的教育对策。

小学生进入中学，存在着如何适应中学生活的问题。该课题要研究中学与小学教育中存在的不同，就必须了解中小学各自的真实情况，然后作出准确的判断，发现问题的症结所在。进行比较的前提是科学的调查，如果使用科学的量表，通过测量支持研究，无疑会使该课题研究更加科学和准确。

3. 发展研究类课题（如“21世纪我国中学教师所需素质结构的研究”、“中学生心理健康教育发展趋势分析”、“互联网时代教师角色的研究”等），主要研究某一教育现象随着时间变化而表现出的特征和规律，从而推断未来某一时期的教育发展趋势与动向，一般可采用文献法、调查法、行动研究法、个案跟踪法和实验法等。

例：“北京四中优秀教育传统的形成与发展”，本课题将首先依据时间顺序，按照不同的历史阶段，对北京四中的发展进行纵向的研究，比较各阶段发展的情况，分析各阶段的历史特点，挖掘各阶段办学的基本指导思想和理论基础，理清发展的脉络，努力展示北京四中历史发展的全貌。从横向上，我们将分成学科教学、思想教育、体育卫生等不同的领域，在不同的历史阶段，具体研究这些领域中的具体问题，研究结果将直接为学校各部门的发展提供借鉴。通过纵横两个方面的交叉研究，我们将形成最后的研究成果：既有宏观的历史图景，又有微观的具体案例；既有表象的叙事描述，又有深入的理性分析，全面而深刻地解释北京四中发展的实践和理论基础。本课题的研究主要采用文献分析法、访谈法和问卷法等进行。值得一提的是，基于该课题的特殊性，研究中较准确地采用了访谈法和文献研究法。其中“访谈”是研究者“寻访”、“访问”被研究者并且与其进行“交谈”和“询问”的一种活动。在“访谈”中，研究者（访谈者）通过主动询问，引导被研究者（受访者）深情倾诉自己的情况，包括对自己内心世界和现实生活的解释与思考，从而建构问题的理论意义。访谈与日常谈话、聊天不同，它是一种“人为的谈话环境”，研究者控制着双方交谈的内容、谈话的风格、信息的类型和容量。

二、根据研究的可行性确定研究方法

1．考虑研究范围的大小。研究对象较少的课题，一般选用个案法、观察法和质的研究方法等。如，“反思型教师培训模式研究——以北京中小学教师培训为个案”课题的研究对象为北京中小学教师培训；研究内容为反思型教师培训模式；研究方法为个案研究法。一般研究范围较大的课题，可考虑选用问卷调查法，当然还要考虑研究内容的性质。如，“教育专业报刊指导学校工作的作用研究”课题采用的研究方法是以问卷调查法为主进行研究。

2．考虑研究时间的长短。一般调查法、文献法和测量法用时相对较短，行动研究法、实验法和个案跟踪法等用时较长。如，“幼小衔接的途径与方法”课题就是采用以行动研究法为主，以调查问卷、访谈和实验法为辅的研究方法进行研究。幼小衔接的最佳时段应为幼儿园大班（更确切地说是大班的第二学期）和小学一年级。幼儿园的研究只有半年，而行动研究法耗时长且研究对象固定，因此，该课题的研究就有了一定的难度。

3．考虑研究对象的年龄和学识等因素。研究对象年龄较小，应选用观察法和座谈法等。如，“关于幼儿体育锻炼兴趣与习惯培养的研究”课题主要采用观察法，教师在幼儿进行体育活动的自然状态下，对与幼儿体育活动兴趣和习惯形成有关的因素进行观察，定期记观察记录，收集第一手资料，进行相关分析，探讨影响幼儿体育锻炼兴趣和习惯形成的主要原因。

该课题的研究对象和研究者的特点决定了观察法是该课题研究方法的理想选择。需要注意的是，如果是本班任课教师从事本研究，可能有所局限。观察不仅是用人本身器官的视、听、动、嗅、肤觉功能等，也要注意借用现代工具，如录音、录像、摄像和数字监控等技术。此外，观察结果也不应仅是文字的，还应该有音像资料、教学活动中使用的教具和其他相关实物等。

三、根据研究的目的和任务选择研究方法

1．研究目的和任务偏于对象的认识方面特征（掌握知识、技能、能力、自我意识和道德认识等）或与认识关系比较密切的，易用语言描述的课题，可以考虑用调查法，也可以用测量法或实验法。

例：“幼儿的学习与教师的支持”，课题研究对象是2～6岁幼儿和幼儿教师，依据研究的问题和研究对象的不同，主要运用以下方法：观察研究、问卷调查和行动研究。

（1）观察研究：研究者与教师在参阅相关文献的基础上，讨论、制订幼儿学习行为观察量表。观察主要由教师在日常生活中进行，在观察过程中结合对幼儿的即席访谈，了解幼儿的外部表现和内在心理过程。

（2）问卷调查：编制教师的幼儿学习观问卷和访谈提纲。对教师的调查分两次进行，一次是研究开始时对幼儿的观察之前，一次是在研究后期的调查。进行前后对比，进一步探讨教师的幼儿学习观对教师支持的作用。

（3）行动研究：解决教师支持幼儿学习的相关问题。研究者和教师在观察幼儿行为和分析、总结幼儿学习类型、方式和特点的基础上思考、制订教师支持的具体方案，如教师支持的动机、内容和方式方法等。

观察有两种：日常观察和科学观察。日常观察带有一定的自发性和偶然性，是人的一种基本的生活方式，没有明确的目的性和计划性。而科学观察则是按照预定的目的、计划和特定的步骤，对处于自然条件下的研究对象进行观察，搜集材料并加以分析。科学观察是有目的性和选择性的主动的自我实践过程。科学观察又进一步分为实验室观察和实地观察。需要注意的是，研究者要经常对自己的观察习惯和风格进行反思，以最大限度地保证研究的信度。与观察法不同，调查法可不必在教育现场进行直接观察，可以对与被试或被调查事件有关的人或材料进行间接研究，不受现场条件和时间的限制，比较灵活机动。问卷调查法具有简便易行、省时省力、调查面广、信息量大和结果较真实等特点。问卷调查往往不是面对面的形式，调查结果也常常能以无记名方式填写问卷，消除了被调查者的种种顾虑和障碍，调查结果因而常常是比较客观真实的，甚至是其他调查形式无法获得的有价值的材料。

2. 研究目的和任务偏于了解研究对象的态度（认识、情感、意向）和行为方面特征的，如学习动机、道德情感、气质和性格等，为取得真实可靠的结果，可考虑运用观察法、测量法、实验法和行动研究法等。

例："市场经济条件下贫困家庭学生人格教育研究"，根据课题研究内容、研究的具体特点和需要，本课题主要采用行动研究法。依据行动研究的基本方法，将课题研究过程确定为五个相联系的步骤：明确问题；确立解决问题的行动目标与过程；按设计进行行动，并对行动做记录，收集证据以确认目标实现到那里；对相关材料进行整理，概括出关于行动与目标之间关系的一般原则；在实践情境中进一步检验这些原则。

该课题来自对北京广渠门中学"宏志班"学生和其他类似人群进行教育的需要，对人格教育进行整体研究，并在广渠门中学"宏志班"实际教育工作中进行。研究由广渠门中学教师和研究者共同完成。在快速变化的信息社会里，研究型教师已经成为一种必然趋势。具有一定的教育科研能力是研究型教师必须具备的一项重要素质，也是研究型教师的主要标志之一。

行动研究恰恰为教师提供了一种从实践中来，到实践中去，在实践过程中参与教育研究或合作进行教育研究的良好途径。

行动研究法是实际工作者为研究自身实践而运用的一种研究方式。教育的行动研究通常是教师和教育管理人员为解决自身的具体问题，或为基层决策提供信息而使用的研究方式。这是一种应用性的研究方法，它面向实际、服务实际，始于问题的发现，终于问题的解决，边研究边行动。例：中小学教师心理健康的现状与维护、干预研究研究方法：测验法、调查法、行动研究法、个案法和经验总结法。

（1）采用"SCL-90"问卷测查实验校教师的心理健康状况。

（2）采用"教师职业压力及应对方式问卷"测查教师的压力应对策略。

（3）采用访谈法、个案研究法结合问卷调查结果分析教师心理健康方面的主要问题。

采用各种方法进行后期成果总结及评估工作。心理健康类的课题研究，首先需要研究者必须具有一定的心理学基础，研究者大多应是专业的研究人员。其次，心理健康状况的确定要依据科学测量和个案研究，应该把测量方法和个案研究法作为基本的方法，而以调查法为辅助。行动研究和经验总结方法可更多应用于维护与干预的研究。遗憾的是，该研究本应采用文献研究法，因为心理健康问题一经发现，首先应该从已有的研究成果中找"药方"，查到"药方"后，根据被研究者的现实心理健康状况修改完善"药方"，确定维护和干预措施。在查不到"药方"时，可以开发维护和干预措施，通过行动研究完善"药方"，并加以运用。

3. 研究的目的和任务偏于解决教育实践中提出的某些问题的，如教学管理、课堂教学和学生管理中的一些问题，可考虑采用行动研究法、教育性实验法、经验总结法和个案研究法等。

例："双语条件下学习方式的研究"，本课题通过创设双语学习环境，采用不同的学习方式，提高学生的语言表达能力，并以此促进与人交往的能力，提高学生的英语学习水平，使学生打好基本的听、说、读、写基础，以适应将来国内环境的要求。

所谓行动研究，其特点是在自然条件下进行实践，并对实践进行不断的反思，通过计划、实践、观察和反思四个步骤进行。前两步是实践阶段，与正常工作任务一致，后两步是反思阶段，对实践结果进行观测，看任务完成得如何，然后寻找得失原因，制定对策，以便指导下一阶段的实践。这种方法的优点是使日常工作、改革与科研同步运作，教师又可以自行操作。

4. 研究的目的和任务偏于探索某些理论问题的，可考虑采用文献法、历史研究法等。

例："中国教育的文化基础研究方法"，本课题主要采用文献研究法，研究国学大师们对中国文化的阐释；此外，运用比较法对东西方文化作较深入的比较。对于从事某一项课题的研究者来说，查阅文献资料有助于他们从整体上把握自己研究领域的发展历史与现状、已取得的主要研究成果、存在争议的地方，研究的最新方向和趋势，被研究者忽视的领域，以及对进一步研究工作的建议等。

《张伯苓年谱长编》评介

方晓东
（中央教育科学研究所）

热烈祝贺人民教育出版社出版了《张伯苓年谱长编》（人民教育出版社2009年版）这部好书，也向作者梁吉生先生表示祝贺。我初步读了《张伯苓年谱长编》，谈几点粗浅的体会。

第一，这是一部精心组织、长期潜心研究之作，而不是一部急就篇，更不是一部应景之作。

该研究具有极其深厚的史料基础。在此研究之前，1997年人教社编辑出版了《张伯苓教育论著选》，作者于2003年编撰了《张伯苓教育思想研究》、《南开大学校长张伯苓》（附有“张伯苓生平大事年表”）等著作，填补了该研究的空白，既为学习和研究张伯苓的教育事迹和教育思想提供了极有价值的史料和研究成果，也为进一步全面、深入地研究张伯苓奠定了坚实的史料和研究基础。作者梁吉生先生长期从事张伯苓教育思想研究和南开大学校史研究，用了近三十年的时间，精心收集和整理有关张伯苓的生平、事迹、文物、图片和相关研究资料，可以说史料极为丰富和翔实，令读者耳目一新。同时也凸显了该书的学术追求：严谨、扎实、规范和科学。在当前学风浮躁、急功近利的背景下，这种治学的态度是十分难能可贵的。这些都可以说明，这部《张伯苓年谱长编》有着丰富的史料基础和扎实的研究基础，是经过精心组织、长期潜心研究而完成的一部史料价值和学术价值很高的著作。

第二，该书思路清晰，有一条贯穿始终的主线，就是展现伯苓先生教育救国的思想和实践。

张伯苓是私立南开系列学校的创办人之一，被誉为“中国现代教育的一位创造者”。正像早先南开大学秘书长黄钰生先生撰写的长篇悼文那样：张伯苓四十多年间为教育、为中国，辛辛苦苦、劳碌奔波，到处碰壁，失败了再起来，起来了又失败，愈失败愈奋斗，他是中国新教育的启蒙者，也是一代人师。作为杰出的教育家，张伯苓的教育思想是丰富的，他不但提出了“知中国，服务中国”的教育理念，树立了全新的教育目标，即应造就具有“现代能力”的学生，而且始终将强烈的爱国主义、科学精神贯穿于教育之中。今天，当我们研读《张伯苓年谱长编》，重温张伯苓教育事迹和教育思想的时候，就像通过时间隧道，把我们带到清末、民国和新中国建立初年，追寻一代教育精英伯苓先生以毕生的精力追求教育救国理想的心路历程和足迹，而且依然能感觉到它的鲜活性，能够体悟到它所蕴涵的深刻的现实意义。

第三，《张伯苓年谱长编》的出版对拓展中国近现代教育人物的研究，提高人物研究的水平具有重要意义。

一是中国近现代的历史以及中国近现代教育的历史，是一幅五彩斑斓的画卷，是由人物、故事和过程组成的。其中人是历史的主体。以往的研究大多侧重于恢弘的历程、重大的事件、会议、文献、领导讲话，对人物的研究不够深入。人民教育出版社策划出版的《张伯苓年谱长编》和系列人物文集、长编，对于加强和改进近现代教育史和人物的研究具有重要意义。二是在研究过程中，《张伯苓年谱长编》坚持了实事求是的科学精神和态度。历史就是历史，功过都要如实地反映。作为一个教育家，张伯苓是在那些动荡年代，探求教育救国道路的爱国知识分子的典型代表。他不是一个完人，对这样一个复杂时代的复杂人物，如果只用好与坏、是与非的标准来评价其功过，就会有困难，或失之公允。因此，对人物的评价不能简单化，要正确处理好主旋律与多样化的关系。对于党员和领导干部要用党的标准来评价，对于非党人士，只要对历史、对社会发展发挥了作用、做出了贡献的都要实事求是地予以肯定。无论是走上革命道路、实业救国的道路，还是走向教育救国的道路，都有其历史的合理性，都是有价值的，都是为了中华民族的振兴。《张伯苓年谱长编》的出版也从一个侧面反映了我国对人物研究方面的进步和发展。

作者梁吉生先生以实事求是的科学精神，对伯苓先生这一教育人物的历史地位、贡献和影响给予了恰如其分的评价，同时也没有回避其历史局限性，而且也没有用当今的标准去苛求前人，从而把一个真实、完整的张伯苓呈现给世人。有了这种求真、求实的科学态度和科学精神，才铸就了这样一部信史。

总之，初读《张伯苓年谱长编》使我受益匪浅，深感伯苓先生历经近半个世纪之久的探索和思考，是一笔宝贵的财富，对当前教育教学改革是具有启发和借鉴意义的，希望在原有研究的基础上，以《张伯苓年谱长编》的出版为契机，进一步研究伯苓先生的教育思想，探索教育家办教育的规律。同时，还要学习先生献身教育事业的崇高精神与百折不回、坚韧不拔的品格和作风，启迪智慧、提高理论的洞察力，这里要注意处理好继承、借鉴和创新的关系。我们是站在巨人的肩膀上继续向上攀登，而不是原地踏步，要避免简单的照抄照搬。同时要避免使用当代的教育概念去诠释前人的教育思想；要把历史人物的教育思想与实践放在当时教育发展的历程当中去研究，而不能脱离教育历史发展的总历程和发展线索去孤立地研究。

《张伯苓年谱长编》读后感

宋荐戈
（中央教育科学研究所）

20世纪90年代初，我参加了丛书《师范群英光耀中华》的编写工作，在我们编辑的那一卷里，有梁吉生教授写的张伯苓传和严修传。我看了这两个传，对南开学校的这两位创办人有了初步的了解。后来，我在参加《教育史研究》编辑部工作的过程中，也接触过一些有关张伯苓的稿件，特别是这次通过校阅梁吉生教授撰著的《张伯苓年谱长编》，更觉得张伯苓实实在在是中国近代教育史上一位有思想、有实践的伟大的教育家。

从《张伯苓年谱长编》可以看出，张伯苓的著述不是很多，他的教育思想主要是通过他的教育实践活动体现出来的。他一生与教育结缘，从当私塾教员到办中学、办女中、办大学、办小学、办研究所，从在东部沿海城市天津办学到在西部重镇重庆办学。他通过办学体现出来的教育思想，不仅办基础教育可以借鉴，而且办高等教育也可以借鉴；不但当时当地办教育可以借鉴，而且对于当前我国办教育也是有现实意义的。

通过认真阅读《张伯苓年谱长编》，我认为当前我们学习张伯苓教育思想的现实意义主要有以下四点。

第一，在张伯苓的教育思想中，体现出在办学过程中必须花大力气抓学校的硬件建设。

他说："欲使学生长进，设备方面不可不求扩充。"学校只有具备了最好的、一流的教学硬件，才能收到更好的教学效果，才能提高教学质量。当年张伯苓对学校的硬件建设是十分重视的，他像武训那样想方设法地、一次又一次地为办学筹措经费，建筑了气象一新的校园、教室、实验室、图书馆、师生宿舍、教员办公室、大礼堂、陈列馆和运动场，购置了各种中外图书、理化仪器和各方面的教学设备。有了这些教学硬件，不仅为教学创造了好的环境和条件，而且也显著地提高了教学的质量。事实上，我们现在办教育，也必须在学校的硬件建设上下功夫。因为"工欲善其事，必先利其器"，没有好的教学硬件是很难提高教学质量的。

第二，在张伯苓的教育思想中，体现出办教育就要重视师资建设。

他说学校有了好的教师，才能使“教诲得人，诸生受益”。俗话说：“名师出高徒”。因此，在《张伯苓年谱长编》中，有几十处记载了张伯苓为加强学校师资建设所花费的心力。他特别重视聘请优秀教师（包括有发展前途的青年教师）到校任教，还注意吸收优秀的师范班毕业生补充师资队伍，选派他们出国深造，为教师提高学术水平和教学能力创造条件。他为好教师除加俸外，还要为他们上保险，解决日常生活中遇到的困难。他提倡学生尊敬老师，实行师生合作，还让教师参与学校管理，充分地调动教师的教学积极性。也正是因为南开有了好的教师，所以无论是南开的小学、中学还是大学，都成了当时中国青少年向往的名校。我想，我们现在办学校，也是必须抓好师资建设的。作为一个学校的领导人，对教师要关心、爱护、尊重、信任，要树立依靠教师办学校的思想。只有把全校教师都团结在自己的周围，使他们与学校同甘共苦，全心全意地为办好学校贡献自己的能力和智慧，才可以使学校克服办学过程中的各种困难，使学校越办越好。

第三，在张伯苓的教育思想中，体现出他是要培养学生的“完全人格”，因此他明确地提出了“德智体三育并进而不偏废”的主张。

他讲的“德”，是要培养学生的爱国精神、公允思想和诚实人格，是要学生具备爱国爱群之公德。他讲的“智”，是要培养和提高学生为社会服务、为国家服务的能力，也就是要“允能”。因此，他主张不仅要向学生进行课堂教育，让学生在书本中得学问，而且要让学生在实验室做实验，参加各种校外活动和课外活动，既动手，又动脑，让学生接触自然，认识社会，以此来增加学生的真实知识和解决问题的能力。他讲的“体”，是要培养学生强健的体魄。他说：“强国必先强种，强种必先强身。”他还说：“教育里没有体育，教育就不完全。”“不懂体育的人不能当校长。”因此，他早在私塾当教员的时候就开设了体育课，甚至用鸡毛掸子架在桌凳上教学生跳高。他在学校不仅重视运动队的培养，而且更重视体育运动的普及，重视全体学生的身体锻炼。当前，党和国家提出的教育方针中，也是要求把学生培养成为德智体全面发展的新人，这与张伯苓的教育思想是相当吻合的。我们的各级学校，在贯彻党和国家的教育方针时，也可以从张伯苓的教育思想中吸取许多有益的启示。

第四，在张伯苓的教育思想中，体现着要让学校能够自主办学的意蕴。

在这个问题上，温家宝总理在一次谈话中明确指出：“南开的张伯苓自主办学时，学校就非常兴旺，我们也得把每所学校办出特色，办出自己的特点。”其实，诸如教育方针、教育体制、教育布局和教育投入属于国家行为，应当由国家负责，而具体到每个学校应该如何办好，还是应该由学校负责、校长负责好。不同类型学校的管理体制和办学模式是应该有所不同的，只有尊重学校的办学自主权，由懂教育的人来办教育，才能把学校办得有声有色。在这方面，张伯苓办南开学校已经做出了成功的示范。我相信，在改革开放的今天，一大批忠诚党的教育事业的各级各类学校的负责同志，一定会在党的领导下，认真贯彻党和国家的教育方针，团结广大师生，以开拓进取的姿态和自主创新的精神，办出一大批各具特色和特点的社会主义性质的学校。

缩小教育差距是建设和谐社会的基础

——《缩小差距：中国教育政策的重大命题》评介

刘立德　邹海燕
（教育部课程教材研究所）

教育公平是社会公平的重要基础，是人生公平的重要起点。胡锦涛同志明确指出，要把促进教育公平作为我国的基本教育政策。这是我国教育发展到一定阶段的历史要求，也是大量科学研究的成果在国家政策上的反映。

《缩小差距：中国教育政策的重大命题》是袁振国教授主持的国家社科基金教育学重点项目和全国教育科学“十五”规划国家重点课题的研究成果，该书于2005年由人民教育出版社出版发行。该书把教育发展放在经济和社会发展的宏大背景下，描绘了改革开放以来中国教育进步的基本轨迹和教育改革的愿景，揭示了社会转型时期中国为促进教育公平作出的不懈努力，所取得的巨大进展以及所面临的新问题和新挑战，并在客观、详细分析造成教育差距的一系列因素的基础上，提出了非常有价值的教育政策设想和关于制度设计的思想，对强化教育公平观念，制定促进教育公平的政策以及深化教育公平问题的学术研究都产生了重要影响。该书的出版在教育界、学术界引起了很大反响。全国教育科学规划领导小组办公室组织了阵容强大的鉴定小组，专家对课题成果给予高度评价，认为该书“是近年来教育科研领域高水平的研究成果之一，对我国教育的改革和发展有重要的参考价值”。《人民日报》、《光明日报》、《文汇报》、《人民政协报》、《中国教育报》、《中国教师报》等都在显著位置用大量篇幅对该书进行了报道。作为近年来学术界引用率较高的教育著作之一，该书反映的学术研究成果为我国新时期教育宏观决策和教育立法提供了直接的借鉴和参照，也为大力促进教育公平及构建社会主义和谐社会提供了理论支撑。

一、该书提出的重要理论观点

作为新时期具有影响力的标志性教育研究成果之一，该书将总体思路和基本论断概括如下。(1) 坚持一个宗旨：在促进教育公平的基础上促进社会和谐发展。(2) 瞄准两个目标：消除教育贫困，缩小教育差距。(3) 得出三个判断：教育差距形势严峻，教育差距继续拉大，教育政策是教育差距拉大的重要原因。(4) 分析四种差距：城乡教育差距，地区教育差距，阶层教育差距，类别教育差距。(5) 提出五个关注：关注现实，关注农村，关注西部，关注弱势群体，关注公共政策的公共性。这些论述简明扼要，观点鲜明，令人耳目一新。

该书紧密联系国内外教育改革和发展的实际，在强烈的探究意识的基础上进行了对策研究，为缩小教育差距，促进当代中国教育宏观决策及教育法制建设提出了十大建议。这十大建议为：(1) 加快城乡一体化进程，消解城乡二元结构；(2) 建立公共教育财政制度，改变公共教育财政缺位状况；(3) 建立义务教育基准，满足办学基本要求；(4) 制定教育均衡发展系数，及时掌握教育差距情况；(5) 构筑公平竞争平台，提高教育整体竞争能力；(6) 建立多元评价制度，改变单一标准评价；(7) 建立激励民间资金投入机制，扩大教育经费来源；(8) 更新农村教育观念，促进农村人口向城市转移；(9) 设立“百万国家教师岗位”，解决农村教师有效需求不足问题；(10) 转变政府教育职能，弥补缺位，调整越位。这十大建议对破解长期困扰教育改革中的难题、化解影响教育科学发展的诸多矛盾有重要启示。

二、该书的主要特点

(一) 实证性和全面性

该书作者认为，教育研究方式要从注重思辨向注重实证转变。该书的重要论断就是建立在厚重的实证研究基础之上的。该书直接面对和勇于回答中国教育改革和发展中的重大理论问题和现实问题，做到了“贴近实际，贴近生活，贴近群众”，并直接把教育政策的改进和教育理论的发展作为旨趣。该书从问题出发，致力于发现问题、分析问题，并对解决问题提供有根有据的建议。该书运用了大量的数据和实证材料，全面揭示了中国教育发展在城乡之间、地区之间、阶层之间和不同教育类别之间差距的基本状况，得出了在一定范围和一定程度上教育差距随着经济发展差距拉大而不断扩大，教育差距大于经济差距，省内教育差距大于省际教育差距等重要结论，引起了全社会特别是教育界对教育公平问题的高度关注，具有重要的现实意义。同时，该书在对教育差距和教育公平的认识上及在教育公平指标选择和分析维度上进行了富有成效的探索，展现了系统、科学和清晰、独到的教育公平问题分析框架，为教育公平研究作出了开创性和引领性的贡献。

该书将理论与实践、宏观与微观、国内与国际、历史与现实有机地结合起来，并分别恰切和娴熟地运用学术话语、政策话语和实践话语，全面体现和诠释了作者所一贯倡导的教育研究理念。

(二) 时代性和前瞻性

社会差距拉大，发展不均衡，是当前构建和谐社会的突出矛盾。教育差距是社会差距的一个重要方面。缩小教育差距既是构建和谐社会的内在要求，也是促进社会和谐发展的基础保障。“缩小差距”，这个看似平淡无奇其实颇具震撼力的书名有着丰富、深刻的内涵，反映了作者和编辑出版者整体策划的独具匠心。该书从独特的角度出发，回答了我国教育政策领域重大的热点问题，成为目前我国明确提出缩小教育差距的理论框架并正式对教育差距问题进行专题论述的大型教育学术专著。

该书所秉持的教育理念和提出的教育发展思路具有鲜明的时代性和前瞻性，为国家制定教育发展战略提供了重要依据。如在教育公平观上，该书认为教育差距是社会差距的重要表现，缩小教育差距是缩小社会差距的重要途径；在教育发展观上，该书强调教育发展对国家发展、社会发展和个人发展的重要价值，强调要关注农村、关注西部、关注弱势群体、关注每一个公民的平等受教育机会和受教育权利，等等。

(三) 操作性和创新性

该书所呈现给大家的研究成果由主报告和分报告组成。主报告汇集了整个课题研究的精髓，是课题研究的高度提炼和精华所在，它以分报告为基础，提出了缩小差距的十大政策建议。分报告则用大量的事实和数据充分揭示和剖析了教育差距产生的根源及表现。

该书提出的许多关于缩小教育差距的政策建议，具有很强的操作性和创新性，对我国教育决策和教育实践产生了重要影响，其中不少政策建议被中央和地方政府教育决策部门所采用。比如，推进城乡教育均衡发展，建立义务教育基准，设立面向农村的“百万国家教师岗位”，实行农村义务教育免费制度，建立贫困生资助体系，等等。一些政策建议和制度设计即将付诸实施，比如建立教育公共财政体制，确保教育经费投入，制定教育均衡发展系数，及时提供差距预警，以及完善对政府教育职能的监督体系，等等。该书体现的成果为这些政策法规的制定或实施提供了思想理论借鉴和学术舆论支持。

该书把提振读者阅读兴致放在重要地位，版式设计从静到动，力争通过色调、字体、字号和层次序号、内容板块及图表的交替变化，将阅读变为一种精神享受。该书在各级标题的编排上注意突出书中的主要观点、亮点和特点，将它们置于醒目的位置，让读者一目了然，努力实现引人入胜、画龙点睛之效果；封面设计具有极强的视觉冲击力，体现了全书的核心价值思想，让人过目不忘。总之，这样印制精美而又不追求豪华和过度包装的大部头图书，从封面设计到版式设计都有所创新，很好地传达了该书的理念，与内容的厚重相匹配。

熔铸语言哲学利器　开启语文教育研究新视界

——读《语文教育哲学导论——语言哲学视阈中的语文教育》

陈黎明
（聊城大学）

2009 年 10 月，潘庆玉博士的《语文教育哲学导论——语言哲学视阈中的语文教育》由教育科学出版社出版。作者以语言哲学为思想利器，对语文教育的本体论、价值论和实践论作了系统的学理揭示和理论重构，对语文教育的历史与现实、当前与未来、理论与实践等问题作了整体性的反思与批判，极大地拓展了语文教育研究的学术视野，提升了语文教育研究的层次与境界，在开启语文教育研究的新视界方面多有创获。

一、探寻语文教育哲学研究进路

作为人成其为人的标志，语言不仅是存在的家园、文化的滋养地、人与世界的纽带、人性与民族意识的集中体现，更是透视“意义”的利器。语言能给人带来“惊异”，能唤醒人的自由意志和创造精神。语言哲学的运思方式，不仅辐射人文社会科学所有的研究领域，而且渗透于诸多科学技术领域。所有的教育问题，最终都是哲学问题，也就是说，教育问题的最终消解需要哲学的启迪。在哲学转向“语言”、语言哲学成为哲学的主流后，作为始于语言、通过语言并归于语言的语文教育更需要语言哲学的启示；立足中西语言哲学的比较视阈，更有助于对语文教育的内涵与特性作新的阐释。

《语文教育哲学导论》巧妙地将古今中外的“语言哲学”、“语言的哲学”、“语言学哲学”熔铸为观照中国语文教育历史与现实的语言哲学，其基本构成不仅包含严格科学意义上的语言分析哲学、现象学意义上的解释学语言哲学和语言学意义上的结构主义语言哲学，而且还包括中国传统语言哲学和当代马克思主义语言哲学。

为语文教育哲学研究搭建一个语言哲学的分析框架是一项异常艰难的工作，因为语言哲学不是一项单一的哲学运动，更不是相关运动的结论，语文教育研究者不可能也没有必要对众多的哲学思想作巨细无遗的叙述、分析和考辨。语文教育研究所要借助的只是语言哲学追问、反思的进路与范式，只要能从整体上把握这些哲学流派的基本理论和方法，形成语文教育哲学分析和辩护的理论框架，就足以开启语文教育研究的新视野。据此，作者在精心梳理的基础上，对整个西方哲学“语言”转向运动及中国传统语言哲学思想作了整体描述，对与语言有关的哲学思考作了总括，并从中抽绎出“语言与存在”、“语言与主体”、“语言与思维”、“语言与逻辑”、“语言与文化”和“语言与实践”六大主题，从而构筑起审思语文教育的框架，明确了语文教育哲学研究的进路。

借助语言哲学的启发力量，透过语言与哲学的互动视域，必定能拓展语言哲学之于语文教育哲学研究的可能空间与阐释向度。《语文教育哲学导论》的最大创获，也正在于借助语言哲学的利器，开拓了一条把语文教育理论研究导向哲学之境的进路。正如曹明海先生在《序二》中所言：“从这种全新的理性视角阐释语文教育的本体性质、功能价值与过程方法，必将把语文教育的哲学研究带入一个充满希冀与惊险的陌生开放地带，从而开辟出语文教育的新境域。”

二、提升语文教育研究境界

教育研究一般分为三个层次：实践研究的层次、理论研究的层次和哲学研究的层次。语文教育哲学研究是语文教育理论命题的“前提追问”，是理论的理论，位于理论研究之上。作者裹挟诸多“前提追问”，在语言、哲学、文化交互融合的广阔视野中，借助语言符号世界的“惊异”发现，对语文教育的本体——结构—存在论、功能—价值论、过程—方法论做了系统而透彻的阐释。

语文本体不仅具有从逻辑的角度进行结构分析与把握的可能性，且从本质上呼唤研究者从人的存在的语言性角度展开语文的对话过程，敞开语文的历史与文化空间。这样，语文本体就不再是封闭的、静止的、超验的彼岸世界，而是开放的、发展的、经验的、与人的存在在本质上相关联的无限敞开的澄明世界。

在语文教育的功能—价值论问题上，作者提出应以语文本体的存在论为基础，超越工具主义的有限视野，站在精神生成与表现、文化存在与创造、历史对话与再生的高度，激扬语文教育的本体价值，确立语文教育的目标体系，释放语文教育的多维功能。在传统语文教育研究中，语文教育的过程—方法论更多的是从语文教学的程序与方法的角度进行分类与建构，更多地关注具体的教学方式、方法、技术和技巧。作者从语言哲学的角度获得了新的发现，主张语文教育的过程—方法论的构建必须超越“形而下”的技艺局限，把语文教育过程与方法纳入个体存在与发展的视域，从语言与存在的同根性上揭示语言作为个体存在方式的内在规定性及其发展性，即语言学习过程不仅是个体获得自我意识逐步形成客观世界镜像的精神孤立化过程，而且是个体在自我反思中不断超越精神的孤立化，在“诗”的语言的引领下进入存在的场域获得历史与文化的居住权与话语权的精神敞开与澄明的过程。

《语文教育哲学导论》的面世，丰富了我国教育哲学研究的路向与领域，不仅推进了教育哲学研究的繁荣，而且提升了语文教育理论研究的层次和境界。

三、多层面透视语文教育历史与现实

为更好地审视、阐释乃至辩护语文教育历史与现实，作者为我们提供了语文教育哲学研究的三种范式：研究语文教育整体，不仅从语言哲学的基本观念出发观照语文教育的现在和未来，而且对语文教育的历史发展作哲学的透视与理论的批评；研究语文教育基本问题，则打破时间与空间的界限，融合理论与实践的视域，依照从宏观到微观、从本体到表象、从历史到现实的逻辑顺序，从理论的最深处将各相关因素纵横交织、探幽发微、精剖细析；研究语文教育具体案例，则从语文本体的特性出发，辩证处理情感与理思的交合关系。

哲学的首要建树不在于构筑理论，而在于引导思考上路。《语文教育哲学导论》把语言看做一种符号系统，就有对语文教育价值的崭新阐释；把语言作为多棱镜，就有对语文教育存在方式的强力辩护；从中西语言哲学的视阈来比较，就有对语文教育传统与文化特征的深刻体认；从语文教育哲学的层面来俯瞰，就有对语文教育特性的把握、流变的解说及现实问题的澄清。这一切都极大地增强了语文教育哲学对语文教育本质、存在、实践的解释力，尤其闪烁其间的对海佽·凯勒惊醒于语言的剖析，对汉语文“二语一字”的辨正，对语文教育“在场—不在场”存在论方式的言说等，为我们洞悉语文教育曲折幽隐提供了很好的范例。

语文教育哲学的通达进路不只一条，体系架构也可多样，阐释方式更可因人而异，但作者成功地将哲学智慧植入语文教育研究之中，建构了语文教育哲学的理论框架与运思方式，为我们搭设了探寻未知之境的津梁。初始之物，其茂也盛，其形也丑。作为首部语文教育哲学著作，要求其周全圆润是不现实的。诸如位于语言、哲学、语文教育交互视阈焦点的“母语意识”问题是否也应当成为语文教育哲学的重要课题，近现代的中国语言哲学是否乏善可陈；尤其是作为“导论”性著作，是否应对前人的相关研究作概要介绍，是否应对相关概念术语作相应解说，等等，这些都还有待作者与读者的进一步思考、评判。我们期待着更多、更完善的语文教育哲学新著问世。

解放教师的课程创生之路
——评《教师与课程：创生的视角》

熊川武　周险峰
（华东师范大学）

师之发展，创新为要。这是当代教师发展的重要价值取向。在教师面前，发展与解放之路纵横捭阖，但有内外之别。外在的道路由他人修建，也许平坦而广阔；内在的道路大多是行路者踏出，坎坷而崎岖。自我创生的道路无疑属于后者。仅就课程的三大类型即忠实取向、互适取向和创生取向而论，教师若选创生，非但不遭贬斥，反而可得褒扬。盖纵使此途有艰险，越是艰险越向前。儒雅之师，竟有这般豪气，实乃当代教师可贵的风骨。北京师范大学李小红副教授潜心研习多年，著成《教师与课程：创生的视角》（广西师范大学出版社 2009 年版），为此类师者大胆抒发心声，张扬豪气，且立标引路，开启了该研究领域之新风。

一、课程创生，历史使命

课程之于教师，是生存状态。它用自身的文化传统、道德规范、知识技术与价值体系等编织成显性与隐性、物质与精神相统一的教学环境。对于置身其中的教师来说，这是必然王国还是自由王国，或曰到底何者居重，虽然取决于当时的社会历史条件，但也与教师自己的造化和作为相涉。对于恪守忠实取向的教师而言，他们实际上处于被课程奴役的状态，这在过去的岁月里并不鲜见。

教师被课程所奴役，个中原因，十分复杂。作者尊重“效果历史”，从课程的角度仔细考察了中外部分教育改革低效或失败的原因，得出了令人感悟颇深的结论，即它们推行的是一种“防教师”的课程发展策略，把教师边缘化，戕害了教师的创造性。所谓“防教师”是指由外部专家清晰地界定课程欲达到的目标，并使达到目标所需的课程材料精致化、步骤程序化和可操作化，进而保证一线教师按照预设的材料和步骤实现作为课程设计者的外部专家的课程意图。说白了，“防教师”就是防教师“质疑”，防教师“越轨”，防教师“求新”，使教师安分守己地当专家的配角并日复一日地照本宣科。然而，埋藏在教师心底的创造性是不可能被长期压抑的。只要有适宜的社会环境，教师在课程上的创造性就会像火山一样爆发出来。作者所认定的课程创生，是教师在课程方面的“主动建构”，具有自觉性、批判性与全程性。

随着课程改革的深入，教师感受到课程创生对自己的价值和应肩负的历史使命，迸发出空前的创造性。因为课程改革客观上营造了提倡去弊求进的社会氛围，要求教师角色朝新型课程转向：变课程的统一与求同为尊重多元与个性差异；变课程的预定性和封闭性为课程的生成性和开放性；变课程的知识本位为学生的发展本位等。与之相应的教师角色则从原有的“知识传递者”转变为“学习指导者”；从教育教学的执行者转变为教育教学的研究者；从课程的实施者转变为课程的开发者；从学校制度的贯彻者转变为学校制度的建设者。

这些转变集中到一点，就是激励教师做课程的主人，尽显自己的创新本色，这既开创了历史又还原了历史。说开创历史，是因为如此信任教师的历史是不多见的；说还原历史，是因为历史上最早的课程就是教师自己创生的。今日课程创生，是教师责任的历史与逻辑的统一。

二、课程创生，解放教师

教师的解放有来自外力的，即靠别人打碎枷锁，解除束缚；更有自我追求的，即通过自身的反叛，冲破必然王国的禁锢，获得一定的自由。借助课程创生，教师可以勇敢地走在自我解放的大道上。

近些年来，西方相继出现了关怀教师解放的学者，他们都做过相应的努力。从20世纪70年代开始，他们着手课程实施的研究并对相应的历史进行了深刻反思，陆续推出了一些新的课程理论。其中，斯滕豪斯的“教师作为课程的研究者”、施瓦布的“教师作为课程实践者”、吉鲁的“教师作为课程批判者”等尤为醒目，其堪称课程创生理论之父。然而，这些理论虽然给教师带来了解放的福音，但非常有限，因为这些理论只是将教师的课程创生置于课程实施的狭隘领域。对于如此吝啬的解放作为，作者认为课程创生不要束手束脚，而应摆正教师与课程的完整关系，强化追求教师解放的兴趣。这种关系是内在的、应然的，更是实然的。因此，课程创生不仅涉及课程的某个方面或环节，而且还包括教师根据本地本校的实际情况、自己的知识经验和能力优势、学生的兴趣爱好和发展水平等，在整个课程运作过程（包括课程决策、课程开发、课程实施、课程评价、课程研究等）中通过批判反思而实现对课程目标、课程内容（包括文本内容和非文本的内容）、课程资源和课程理论的持续主动地变革、建构和创造。

大胆挑战西方学者，寻求理论上的突破，反映了作者的研究胆识与学术功力。在作者看来，课程创生实质上是教师与课程的内在关系，贯穿于教师课程行为的方方面面，反映的是教师的生存论追求。具体说来，在课程目标上，课程创生就是盯住学生的发展；在课程内容上，课程创生就是合理调适国家课程，对其内容进行文化批判与重构，保持一元课程与多元课程之间的适当平衡，同时开发学生生活世界中非文本课程内容；在课程实施上，课程创生就是以教学对话为核心，丰富课程意义，及时捕捉和充分利用生成性课程资源；在课程理论上，就是鼓励教师发展合理的个人理论，等等。

取得了课程创生观念的突破，作者进一步在课程创生实践形态方面深入探讨，使理论与实践统一起来。理论的更新是理论的解放，实践的变革才是实在的解放，当教师把这两者结合起来时，他们便获得了比较彻底的解放。

三、课程创生，提升教师素质

尽管课程创生是当代教师应有的责任，但并不是每一位教师都具有创生课程所必备的素质，能毫无困难地完成这方面的工作。作者认为，虽然教师的课程创生作为一种改革观念已经流行开来，但让其付诸实践也许还有一些工作要做，特别是教师课程素质的提升。

于是，分析教师课程创生素质的成分及其结构成为作者的兴奋点。如果教师要在课程创生方面得心应手，就要在不断提升教师应有的一般素质的基础上，铸造关于课程的知识结构和人格结构，树立牢固的课程意识，提高对课程的批判反思能力。应该说，这些素质大多是被传统教师教育所忽略的，作者在此强调它们，其意义似乎远远超出了课程本身。良好的学校组织文化也是发展教师课程创生素质的保障。因此，作者呼吁建立探究合作的、自由对话式的学校组织文化，形成教师渴望反思、勇于反思、善于反思的局面，这是真诚而深切地要求解放教师和教师自我解放的呼声。

出于对课程美好未来的憧憬，作者满怀信心地指出，教师的课程创生将带来课程领域的三大转向：课程观念的改变——由单一的、封闭的、静止的课程观念走向多元的、开放的和动态的课程观念；教师课程角色的改变——由忠实执行者走向反思性建构者；课程运作价值的改变——由技术理性走向解放理性。朝着这个方向，作者将课程的理论智慧与实践智慧结合起来，为读者提供了课程改革的色彩斑斓的智慧图景。

香港中文大学

香港中文大学成立于1963年，为研究型综合大学，以“结合传统与现代，融会中国与西方”为使命，蹈厉奋发，志在千里。中大师生来自世界各地，本科和研究生共有二万多人，其中约三千人来自香港以外的不同国家和地区，中大还有广大的本地和海外校友组织，联系身在世界各地的中大毕业生。

该校是香港乃至亚洲首屈一指的大学，学校的宗旨是培育既具专精知识又有处世智慧的人才，学校特色包括灵活的学分制、书院制、中英兼重和多元文化；并特设通识教育，以拓宽学生视野及培养学生综合思考能力，使学生在瞬息万变的现代社会中，能内省外顾，成为出色的领袖人才，贡献社会。该校的八个学院提供林林总总的本科和研究院课程。

香港中文大学的研究项目包罗万象，遍及各个学科。校方给予教员自由为业界提供顾问服务或与之协作的机会便利。在严格的自我要求下，大学的研究一直保持上乘水准，享誉日隆。香港大学教育资助委员会（教资会）选定了15个卓越学科领域，集中资源资助本地大学进行研究，其中6个由该校学者负责。香港中文大学有两间由中国科学技术部批准成立的国家重点实验室，具备国际一流水平的研究能力，完成国家交付的科研重任。在发表研究成果方面，该校的成绩粲然可观。无论在专门领域的学报，还是一般人耳熟能详的期刊，如《自然》、《科学》，都可见该校学人的文章。

书院制是该校特色，在本港大学中独一无二。现有书院包括崇基学院、新亚书院、联合书院和逸夫书院，它们与大学相辅相成，提供以学生为本的全人教育和辅导，加强师生间的交流和互动，凝聚学生对书院和母校的归属感。中大新近增添了五所新书院，分别是晨兴书院、善衡书院、敬文书院、伍宜孙书院及和声书院，为学生提供更多选择。

香港中文大学教育学院成立于1965年，是该校第一个专业学院，当时主要任务为训练学位教师。学院成立初期，只提供一年制教育文凭课程，收录大学毕业生，培训中学高年级的专业师资。当时学院的规模很小，开设的科目只有十余科。自1991～1992学年开始，教育学院共有4个学系——教育心理、课程与教学、教育行政与政策和体育运动科学及体育部，兼读制教育学士（小学教育）课程及博士课程相继于1988年及1991年展开；而教育硕士课程亦于1992年开始收生，替代了原来的文学硕士（教育学）课程。1997年，教育学院开设教育博士学位课程；1998年，开设全日制教育学士（语文教育）课程及兼读制学位教师教育文凭（小学）课程。目前，教育学院开设的课程包括博士课程、硕士课程、学位教师教育文凭（中学及小学）课程，以及全日制及兼读制学士学位课程；各课程分隶学术、专业及语文3个教育课程委员会，开设科目逾350个。学院还为大学其他院系的本科生提供教育学和体育的通识教育课程。四十多年来，教育学院不断为香港社会培训中小学教师、教育研究及专业人才。学院师生的学术研究，也取得可观的成绩，研究成果除刊载于学院出版的中英双语《教育学报》和《基础教育学报》外，还在世界各大华语社会出版不少教育学术论文及书籍，对香港、对各华人社会，以至对中西文化交流作出了巨大贡献。

做人与治学，德为先——忆恩师张敷荣先生

和学新
（天津师范大学）

张敷荣（1904—1998），贵州普安人，1928年毕业于清华学校留美预备部，1936年获美国斯坦福大学教育学博士学位。新中国成立后历任西南师范大学（西南大学前身之一）教授、博士生导师，1991年享受国务院颁发的政府特殊津贴。我国知名教育家。

张敷荣先生对教育的学习与研究长达六十多年，成果丰硕。其主要著作有《1885年以前美国旧金山公立学校隔离华裔学生运动的研究》（英文），合译有《学习的基本理论与教学实践》等。恩师张敷荣先生仙逝已有12年了，回忆起跟随他老人家学习的日子，我感受最深的还是他“做人与治学，德为先”的谆谆教导。

第一课：做人与治学，德为先

先生对学生的要求非常严格，入学标准很高。他1984年开始招收博士研究生，但直到1995年我入学，包括我，他11年一共才招了6届8名学生。他常常对我说，他招博士生的原则是宁缺毋滥；要培养一个，成功一个；入学时要严格选拔。现在回想起入学面试时的情景，还觉得有些紧张。面试是在先生家里进行的，面试时除了先生外，还有刘克兰、熊明安、曾欣然、张大均等教授，此外还有学校主管研究生教育的副校长和研究生招生办的老师。各位教授都给我提了专业方面的问题。先生不但从专业方面进行了提问（问题是对教学“三体”论的认识），还特别从做人、从对当前社会上的一些不良现象的看法等方面对我进行了考察。面试让我真切地感受到了先生选择学生的严格标准和认真态度。

做人与做学问的关系问题，我读硕士研究生期间，我的导师、我国著名教育理论家李秉德先生就作过这方面的要求，但由于当时自己的人生阅历浅，缺乏实际工作经验，认识并不深刻，思考的也比较少。跟随张先生学习后，张先生在这方面结合自己的大量人生经历和事实，既从实际，又从理性等多方面向我提出了要求。

他给我入学上的第一课就是讲做人与治学的关系。他说，我给学生上的第一课都是关于做人与做学问的关系问题，每一个学生入学第一课都是这个内容，我的学生首先要认识和处理好这个关系。他说，就做人与做学问来讲，做人是第一位的。做学问，要先做人。博士生是国家的高级专门人才，这样的人才必须把德放在第一位。他在培养博士生的数量和质量方面的要求，对照现在一些学校的做法，仍是值得我们思考的。

人生目标：做好人。尽自己的能力，为更多的人，谋最长久的幸福

我入学时，张先生已经91岁高龄。虽然行动不便，但思想开放，思路清晰。他说自己对做人的思考以及选择教育专业和教师职业是受印度诗人泰戈尔的影响。先生早年在清华学校求学时，有一次印度诗人泰戈尔来访问，找他们低年级的学生谈话，谈话时问到他们："你们将来想做好人还是坏人？"大家的回答当然是做好人。泰戈尔又问："什么是好人，什么是坏人呢？"由此，先生和他的同学悟出了"好人"就是"一个人能尽你的能力，为更多的人，谋最长久的幸福"。

他说自己在泰戈尔"好人"概念的启迪下，遂改学教育，以为搞好教育事业，可以为培养更多有医德的医生和其他品德高尚的专家学者打下基础。他说，做学问首先要做人，做人就是要做好人，做好人就是要尽自己的能力，为更多的人，谋最长久的幸福。先生不但这么要求我们，他自己的一生实际上就是这么走过来的。他早年办平民学校，后来捐款资助贫困学生就学，为灾区捐款，先后资助他的两个保姆继续学业，他用实际行动践履了自己的"好人"理想，也为学生和他人树立了榜样。

他认为做人应该做到"三求"，即"求正、求严、求信"。"求正"就是为人处事要正直耿介，不为歧途所迷，不为邪欲所惑，走出一条正确的人生之路。"求严"就是严于律己，宽以待人，大度，宽厚，友善，博爱。"求信"就是言行一致，言必信，行必果，有坚定的信仰，有崇高的威信。在这个基础上，他认为人的德行可分为五个档次：第一等是"纯粹利他"（如白求恩、雷锋那样毫不利己、专门利人的人）；第二等是"为我利他"（其中一种是受良心的驱使或求精神上的快慰而利人，另一种是为他人谋利可以获得物质报酬）；第三等是"纯粹利己"；第四等是"损人利己"；第五等是"专门害人"。他说这样的人品评价有三个好处：有利于自我修养，有利于正确区分和处理两类不同性质的矛盾，有利于克服思想政治工作中的教条主义和形式主义。先生还十分谦逊地认为自己只做到了"为我利他"，即为得到人们的信赖和自己问心无愧而服务他人。他还亲笔给我写下了他的立身格言，并一句一句地给我解释。先生的立身格言是："常有'八贤'作我师，终身黾勉能'九思'；耄耋'脱毛'功无间，全心全意作'人梯'。"这也正是先生一生做人和做学问的真实写照。从先生那细致入微、循循善诱的解释里，我领略到了他老人家那博大的胸怀，深远的境界，受到了深刻的教益和启迪。

理论指导：德育实践应该从培养良好的社会人际关系出发

先生不仅从行动上自我践履，要求学生去努力实践，还致力于从理论上来说明和论证他的思想的可信性和可靠性，做到以理服人。像世界上大多数大师级的学者一样，学问越高，境界越高。先生越到晚年，越关心社会的伦理道德问题，关心人生的终极问题，越是从较高的视角来思考和审视人类社会的一些基本或根本性问题。先生是在79岁高龄时领衔申报并获得课程与教学论博士学位授权点的，80岁高龄开始招收第一届博士生。这样高龄的老人，是十分重视德育问题的。一方面，先生的思想境界和一辈子的人生经历使得他感到了德行在一个人成长中的重要地位；另一方面，课程与教学论是当时西南师范大学近十年时间里唯一的博士点，先生是当时学校唯一的博士生导师，他的思想境界，他的德高望重，使得很多青年大学生慕名前往先生家里拜访。在与这些青年大学生交流和谈话的过程中，先生深深感到了学生对一些社会现象和问题的认识存在偏颇。比如，把不良的问题和现象归因于社会，而且往往用马克思关于"人的本质在其现实性上是一切社会关系的总和"的论述来说明他们的理论依据。这种现象使先生常常思考其中的原因。他感到道德教育问题是社会发展的基本问题之一，对青年大学生的发展十分重要，要用正确的德育理论来引导青年大学生的认识和行为。因此，每届学生入学后，他都要和学生讨论德育问题，而且把它作为教育社会学课程的重要内容来研讨。

在我入学的那几年前后，先生重点思考的

是德育实践的逻辑起点问题。我前面的几届师兄已经就这个问题进行了研讨，而且有成果发表。先生认为，对这个问题的研讨，还远没有达到他心中所理想的要求，还需要进一步研究。我入学后，他要求我继续就这个问题做深入探讨，并多次与我讨论。他把研究这个问题的出发点、背景、前几届师兄讨论的结果以及他心中所理想的研究等与我交流，并把他特别中意的一些经典论述和解释说出来，和我一起探讨。他说，马克思说，人的本质是社会关系的总和，那么，反过来，可不可以说，社会是人际关系的总和。如果可以这样认识，那么，道德作为处理人们之间的利益关系的问题，要解决好这一问题，德育实践是否就应该从现实社会的人际关系出发，也就是说，是否可以把培养良好的社会人际关系作为德育实践的逻辑起点。

他还列举出《中庸》中“天命之为性，率性之为道，修道之为教；道也者，不可须臾离也；可离非道也”，《大学》中“古之欲明明德于天下者，先治其国。欲治其国者，先齐其家。欲齐其家者，先修其身。欲修其身者，先正其心。欲正其身者，先诚其意。欲诚其意者，先致其知。致知在格物，物格而后知至，知至而后意诚，意诚而后心正，心正而后身修，身修而后家齐，家齐而后国治，国治而后天下平”等有关语句与我讨论，来论证他的认识。他说《中庸》中“天命之为性，率性之为道，修道之为教；道也者，不可须臾离也；可离非道也”的论述，高度概括了德育的本性和实质。意思就是说人的道德发展有其本来的规律，要按这种规律去修养，不可偏离。《大学》中关于修身的相关论述，说明了我国古代儒家把个人修养看成是关系个人安危、国家治乱的大问题，把修身提到治国、平天下的高度。由个人修身到家庭和睦到治理国家到天下太平，表明了儒家道德教育在教育内容和方法上都是从大处着眼、小处着手，具体由小到大，由近及远。为了使我在认识上进一步提高理解的准确性，他还把这两段话写出来，让我专程去拜访研究中国教育史的熊明安教授。碰巧的是，有一天，我和先生讨论这一问题时，熊先生正好来找先生办事，先生就上述有关话题又与熊先生讨论开来。先生这种治学的认真态度和严谨作风使我十分感动，值得我一辈子学习。在先生的具体指导下，我把先生的关于德育实践的逻辑起点的有关思想和认识做了梳理，分别从问题的提出、德育实践的逻辑起点是培养良好的人际关系、确立德育实践这样的逻辑起点有其道德发生学、德育心理学以及儒家德育思想及其实践的依据以及确立德育实践这样的逻辑起点的现实意义和理论价值等几个方面进行了整理，形成了文字。经过几番修改，先生感觉基本上表达出了他的思想，于是我们把这篇论文投给了先生比较信任的，认为敢于发表具有鲜明观点的《华东师范大学学报（教育科学版）》，不久就收到了用稿通知。这篇论文发表在该刊1998年第2期。令人欣喜的是该文发表后，很快被中国人民大学书报资料中心发行的《教育学》1998年第8期全文转载，在以后的几年中，还陆续发现有不少学者在引用我们的观点。虽然令人遗憾的是，这篇论文成了先生生前的最后一篇论文。但我想，如果先生在天之灵有知，知道这篇论文在德育理论和实践中产生了影响，他是会非常高兴的。这篇论文的写作过程既是我治学水平的提高过程，也是我思想和境界升华的过程，这篇论文的写作使我受益良多。先生现在虽然已驾鹤西行，但他老人家的谆谆教诲将永远铭记在弟子的心头，将永远成为弟子做人和治学的指导力量。

附注：

1 八贤：陶行知将“何事、何人、何故、何时、何地、何去、何如、几何”称为“八贤”，作为做人行事的“顾问”。

2 九思：孔子曰：“君子有九思：视思明，听思聪，色思温，貌思恭，言思忠，事思敬，疑思问，忿思维，见得思义。”（《论语·李氏》）

3 脱毛：17世纪德国著名化学家李比希认为，如果不像鸟脱毛那样更新自己，就跟不上科学的发展。

首届中国积极心理学大会在京举行

经济越发展，人们就越幸福吗？专家们说，不一定，经济发展的黄金时期也是各类社会矛盾凸显的时期。为了探讨社会转型时期经济发展与国民幸福的关系，为中国现实发展中的各种问题提供解释和建议，寻找实现全面幸福的科学途径，2010 年 8 月 7 日，为期 4 天的首届中国积极心理学大会开幕式及主题演讲会在清华大学开幕。

清华大学心理学系主任、美国加州大学伯克利分校终身教授彭凯平是本次大会的执行主席。他说，过去 50 年间，虽然世界范围内的平均收入倍增、国民生产总值不断提升，但今天的人们却并不比 50 年前更快乐；在发达国家，患抑郁症的人比 50 年前普遍上升了 10 倍。在 2010 年 3 月举行的第十一届全国人民代表大会上，国务院总理温家宝在《政府工作报告》中明确提出："我们所做的一切，都是要让人民生活得更加幸福、更有尊严，让社会更加公正、更加和谐。"本次大会就是在这样的国际国内背景下召开的。

彭凯平解释说，积极心理学是致力于研究人的发展潜力和美德等积极品质的一门学科。1997 年，美国心理学联合会主席、心理学家马丁·塞里格曼提出了"积极心理学"的概念，初衷是反对一个多世纪以来，将研究对象限定为有心理疾患的病人，并将研究目的简化为心理治疗的倾向，认为心理学应该回归其本初任务：找到并培育人们的天赋及才华，使得平凡的生活更具意义和使命感。十多年来，积极心理学家们呼吁，心理学应实现从消极心理学到积极心理学模式的转换，研究人类的积极品质，关注人类的生存与发展。幸福学则是研究如何使人们有效地支配自身及外部资源，协调自身与外部环境的关系以实现幸福的科学。

江苏省江阴市委副书记赵国权介绍了在过去 4 年多时间里，江阴市创建幸福城市的实践和成效：平均每户有 2.2 人在岗工作；100 个市民中，95 个有社保；70 万农民 100% 参加新型农村合作医疗保险、居民人均拥有公共体育设施 3.1 平方米……市委市政府以人民幸福评估发展、以民生福祉倒逼城市转型、以"不开发区"探索转型新路径。20 国集团研究中心秘书长、博鳌亚洲论坛前秘书长龙永图评价说：江阴是今天中国城市建设的好案例，也为积极心理学研究提供了一个范例。他希望江阴市领导能借鉴发达国家积极心理学的理论，前瞻性地规划城市发展。

彭凯平说，会议的召开显示政府及社会各界对转型时期民生、百姓福祉的高度关注，同时也宣告了中国积极心理学和幸福科学迎来了新时代。"对幸福的追求、对他人的怜悯和关爱，一直是中国文化的价值核心，通过幸福科学，中华民族无疑能够为世界和人类作出更为卓越的贡献。"

中国教育学会在京召开2010年度工作会议

2010年是《国家中长期教育改革和发展规划纲要（2010～2020年）》（以下简称《规划纲要》）启动实施之年，党中央、国务院要求要学习、宣传和落实好《规划纲要》，中国教育学会3月28～29日在北京召开2010年年度工作会议，重点是动员学会系统认真学习、积极宣传、努力贯彻《规划纲要》。教育部副部长、国家总督学陈小娅，中国教育学会会长顾明远，常务副会长谈松华、郭振有、郭永福，副会长朱永新、韩绍祥、张绪培、宋乃庆、唐盛昌、李烈，副秘书长马建华及部分常务理事、学术委员、各分支机构、单位会员和教育改革实验区的负责同志180余人与会。

陈小娅副部长就《规划纲要》的制定与实施和加强教育学会工作发表了题为《面向未来十年教育改革发展，加强教育学会工作》的重要讲话。她向学会全体同志提出以下几点要求：一是要准确把握新形势、新阶段、新要求，进一步增强责任感和使命感，提高教育质量，促进教育公平，完善教育体系，深化教育改革，扎实推进教育改革发展；二是要研究新情况解决新问题，统筹城乡，深化课程改革，加快普及学前教育，坚持普通高中多样化发展，着力加强中小学教师队伍建设，扎实推进教育改革发展。陈小娅副部长还对中国教育学会工作提出了以下希望：一是围绕未来十年教育改革发展的任务、各地的工作重点以及学校的具体工作大力开展研究，为全国教育战线提供专业化的研究成果；二是建立一个信息交流和反馈的系统，为教育部迅速而准确地提供信息；三是与基层密切联系，大力开展教改实验，深入总结典型经验，宣传和介绍好做法；四是为教育部完善制度、出台政策措施和开展具体工作、处理难题做好参谋工作；五是为教育战线情感交流、工作交流、成果交流更多地提供平台。最后，她表示教育部将一如既往地支持学会工作，并要求各级教育行政部门也要对学会工作给予大力支持。

大会由李烈副会长和韩绍祥副会长分别主持。顾明远会长致开幕词，他全面回顾了教育学会参与《规划纲要》调研和制定的过程，详细解读了《规划纲要》的战略方针。顾会长要求所有分支机构、团体会员和教改实验区都要认真学习《规划纲要》，积极宣传《规划纲要》，把思想统一到《规划纲要》的精神上来；要以落实《规划纲要》为己任，充分发挥聪明才智，从各个层次上全面推进改革创新；要在科学实验的基础上完善《规划纲要》中的指导原则和制度设计，真正把《规划纲要》落到实处。朱永新副会长就“两会”代表讨论《规划纲要》有关热点问题，郭振有常务副会长就《规划纲要》的主题、教师主导地位和学生主体地位问题，郭永福常务副会长就教育学会的神圣使命问题，宋乃庆副会长就教师在职培训问题，张绪培副会长就创新精神和实践能力培养问题，唐盛昌副会长就创新人才早期培养问题分别作了专题发言。

分组讨论会上，与会代表围绕如何学习、落实《规划纲要》发表了意见和建议。国家发展与改革委员会经济研究所孙学工研究员作了题为“转变经济增长方式”的经济形势报告。马建华副秘书长对中国教育学会2009年的工作和2010年度的工作计划做了简要说明。最后，谈松华常务副会长从我国所处历史阶段性特征和经济发展方式的历史性转变对教育提出的要求出发论述了《规划纲要》的历史地位，就学会系统如何更好地学习、落实《规划纲要》精神，如何发挥整体优势作了总结性发言。